Swami Sivananda

Die Überwindung der Furcht

Swami Sivananda

SWAMI SIVANANDA

Die Überwindung
der Furcht

und andere Unterweisungen

HEINRICH SCHWAB VERLAG
ARGENBÜHL-EGLOFSTAL

Titel der Originalausgabe:
Conquest of Fear

Bearbeitet und herausgegeben
von Hanna Omkarananda Herrmann

5. Auflage 2014

Alle Rechte für die deutsche Ausgabe vorbehalten

© 1964 by Heinrich Schwab Verlag
Eglofstal 44
D-88260 Argenbühl
Tel. 0049-7566-941957
www.heinrichschwabverlag.de

ISBN 978-3-7964-0169-5

Inhalt

I. Teil
Die Überwindung der Furcht

II. Teil
Weitere Unterweisungen

I. TEIL

Die Überwindung der Furcht

Verzicht macht frei

Im Vergnügen ist die Furcht vor Krankheit enthalten. Eine gute soziale Stellung wird von der Angst begleitet, sie zu verlieren. Im Reichtum liegt die Angst vor Feinden. Wer verehrt wird, hat Angst vor Demütigungen. Gelangt einer an die Macht, dann fürchtet er Gegner. Ist er schön, dann bangt ihm vor dem Altwerden. Die Gelehrsamkeit ist mit der Angst vor Rivalen verbunden. Der Tugendhafte fürchtet seine Verleumder und im Körper liegt die Furcht vor dem Tod. Alles in dieser Welt, das zum Bereich des Menschen gehört, ist mit Furcht verbunden.

Verzicht allein führt zur Furchtlosigkeit!

Bhartrihari: „Vairagya-Shatakam"

Vorwort

Die Furcht ist der große Feind des Menschen, der Feind seines Fortschritts. Sie zerstört seinen Frieden und seine Harmonie. Sie verschlingt oder untergräbt seine Vitalität und Energie. Sie raubt dem Nervensystem die Kraftreserven und verursacht Schwachheit.

Es gibt zwei Arten von Furcht: natürliche oder gerechtfertigte Furcht, wenn das Leben in Gefahr ist, und unnatürliche oder ungewöhnliche Furcht, hinter welcher keine objektive Wirklichkeit steht.

Der Ursprung der meisten neurotischen Angstzustände kann auf die Kindheit zurückgeführt werden. Die Saat der Furcht mag während der Kindheit latent im Unterbewusstsein ruhen und erst später in einer Stress- oder Krisensituation aufgehen.

Panische Furcht ist ansteckender als Typhus oder Cholera. Die Bedrohung durch Atombomben verursacht eine schreckliche Panik. Die Menschen verlassen ihre Häuser und eilen hinaus in die Dörfer.

Sorgen und Kummer sind die Folgen der Furcht. Irgendeine Angst liegt im Unterbewusstsein begraben, die den Menschen mit Unruhe erfüllt. Er steht ständig unter Druck, unter einer fortwährenden Spannung. Sobald aber die Angst vertrieben und man von ihr befreit ist, ist der Gemütsfrieden hergestellt.

Normale Furcht ist gesund. Sie dient dem Fortschritt und erhält das Leben. – Ein Schulvorsteher fürchtet sich vor dem Schulinspektor. Die Erziehung und Schulung der Kinder liegt ihm deshalb sehr am Herzen und so bestehen alle Schüler ihre Prüfungen. – Der Lokomotivführer fürchtet sich vor seinem Vorgesetzten. Er gibt sich große Mühe in der Erfüllung seiner Pflichten. Es kommt nie zu einem Zusammenstoß. – Der Arzt versucht, einem schlechten Ruf zu entgehen; darum bemüht er sich sehr um seine Kranken. Er widmet sich gründlichen Forschungen und rettet viele Menschenleben; er wird zu einer berühmten Persönlichkeit.

Die Psychologen vertreten die Ansicht, dass es keine absolute Furchtlosigkeit geben könne und dass nur begrenzte Resultate bei der Bekämpfung der Angst möglich sind. Dies ist nicht zutreffend. Die Psychologen haben keine transzendentale Erfahrung. Ein vollendeter Weiser, der im Höchsten Selbst verankert ist, ist absolut furchtlos. Mit donnernder Stimme verkünden die *Upanishaden*: „Der Kenner des furchtlosen *Brahman* wird selber absolut furchtlos" (*Brihadaranyaka-Upanishad*).

Nur da ist Furcht, wo Dualität besteht. Wie kann es Furcht geben für denjenigen, der die Nichtdualität, die Einheit erlebt? Ein solcher Mensch ist der Tapferste der Menschen. – Die Verwegenheit eines Verbrechers ist bloß *tamasischer*[1], aus irdischer Bindung geborener Mut. Es ist überhaupt kein Mut, sondern brutale, durch Hass und Neid entstandene Wildheit. Allein der aus der Weisheit des göttlichen Selbst geborene *sattvische*[2] Mut ist wahrer Mut.

Tatsächlich existiert die Furcht, um den Mut zu verherrlichen. Durch einen furchtsamen Menschen wird ein mutiger Mensch hervorgehoben. Die Güte als Wert wird uns erst aufgrund der Schlechtigkeit bewusst. Die eine Seite einer Sache bleibt bedeutungslos ohne die Existenz des Gegenteils. Deshalb hat alles zwei Seiten in dieser Welt. Die Gegensätze sind vorhanden, um den Fluss, die Bewegung der Welt vorwärtszuerhalten.

Dieses Buch wirft viel Licht auf die Ursachen und Merkmale, den Sinn und die Bedeutung der Furcht. Es empfiehlt wirksame Heilmittel für die Ausrottung der Furcht und die Kultivierung von Mut und Stärke und zeigt den Weg zur Erlangung der Einheit mit dem furchtlosen *Brahman*, dem Absoluten.

Swami Sivananda

---

[1] Sanskrit *Tamas*: Trägheit, Finsternis, Verblendung
[2] *Sattva*: Reinheit, Harmonie

1. Kapitel

Alles über die Furcht

Erhebe dich!

Die Furcht ist eine Illusion. Sie kann auf die Dauer nicht bestehen. Der Mut aber ist ewig und vergeht nicht.

Gefahren und Nöte sind das unausweichliche Schicksal jeden Erdbewohners. Wappne deshalb dein Gemüt mit Mut und Geduld. Stärke, Tapferkeit und Geistesgegenwart werden dich durch alle Gefahren hindurchführen. Wie ein Fels am Meeresufer von den heftigen Wellen völlig unbewegt bleibt, so wird auch ein Mensch, der mit Mut ausgestattet ist, von den dunklen gefährlichen Wellen dieses Lebens nicht erschüttert. Er bleibt unberührt von allen Herausforderungen und geht aus allen schwierigen Lagen als Sieger hervor.

Ein mutiger Mensch zittert nicht in der Stunde der Gefahr. Er wird nicht erschreckt oder verwirrt. Er sinkt nicht nach unten. Er wird nicht von Verzweiflung überwältigt. Er lächelt alle Gefahren und Schwierigkeiten hinweg, bläst die Trompete des Triumphs und siegt schlussendlich.

Die Bedrohungen der Angst sind Schrecken für das Herz. Führe ein tugendhaftes Leben. Lebe mit und in Gott. Sei gut. Diene, liebe, gib, meditiere! Dann kann dich nichts in Furcht versetzen. Der Gott des Todes wird vor dir Angst haben. Keine Schrecken, nicht einmal die Todesängste werden Schrecken für dich sein.

Ängstige deine Seele nicht mit eingebildeten Schrecken. Aus der Furcht entstehen Unglück und Fehlschläge. Die Angst eines Feiglings bringt ihn in Gefahr. Wer feige ist, stirbt viele Male vor dem tatsächlichen Tod. Sei tapfer. Sei von Freude erfüllt. Erlaube deinem Herzen nicht, aufgrund des Trugbilds eingebildeter Ängste abzusinken. Sei voller Selbstvertrauen und Glauben. Der Mut ist dein Geburtsrecht. Du bist das Kind des Lichts, des Nektars der Unsterblichkeit. Fordere Dein Geburtsrecht jetzt. Stehe auf, o Mensch! Singe ein lauthin schallendes OM OM OM.[3]

Du bist der Löwe des Wissens von der Unsterblichkeit.

---

[3] *OM:* heiliges Wort, höchste mystische Silbe, Symbol Gottes. Vergleiche damit Amen: So geschehe es!

Was ist Furcht?

Die Furcht[4] ist eine Gefühlsregung[5] im mentalen Ich oder Gemüt[6], eine Welle, die sich erhebt, wenn unser Leben durch äußere Faktoren gefährdet wird. Es gibt verschiedene Grade der Furcht: Unruhe, Beunruhigung, Ängstlichkeit, Verzagtheit, Bestürzung, Schrecken, Entsetzen, Grauen.

Der Mensch reagiert auf die Gefahrensituation, die ihn in Furcht versetzt, mit Gesichtsblässe, Herzklopfen, langsamem oder aussetzendem Puls, Zittern der Glieder, Schweißausbrüchen, ausdruckslosen Augen usw.; in schweren Fällen mit Versagen der Stimme. Der Körper wird wie ein Stück Holz. Das Gemüt ist betäubt, die Sinne funktionieren nicht mehr. In extremen Fällen kann ein solcher Schock einen Kollaps oder durch plötzliches Herzversagen den Tod herbeiführen. In gewöhnlichen Fällen erholt sich der Mensch langsam wieder von den krankhaften Symptomen und kehrt zum Normalzustand zurück, nachdem die Ursache der Angst ausgeschaltet ist.

---

[4] *Bhaya*
[5] *Vritti*
[6] Englisch *mind:* Denken und Fühlen, Unbewusstes, das mentale Ich, Gemüt, menschlicher Geist, Mentalorgan, *Manas*

Die Ursache der Furcht

Unwissenheit ist die Ursache der Furcht. Der Mensch aß von der verbotenen Frucht und wurde Sklave der Sinnesfreuden. Er vergaß sein ursprüngliches göttliches Wesen und wurde vom Strudel der Unwissenheit fortgerissen. Aus dem unendlichen, furchtlosen Gott wurde das begrenzte, angsterfüllte, kleine menschliche Ich. Die Identifikation mit dem Körper, das Sich-als-Körper-Fühlen ist die Ursache der Furcht.

Der Körper dient als Mittel für sinnliche Freuden. Sobald der Mensch krank wird, fürchtet er, dieses Werkzeug seiner Vergnügen zu verlieren, und setzt das Äußerste zur Erhaltung des Körpers ein. Alle anderen Ursachen der Furcht sind auf die Identifikation mit dem Körper zurückzuführen.

Minderwertigkeitsgefühle sind eine andere Ursache der Furcht. Dieses negative Gefühl bewirkt Mangel an Selbstvertrauen und Selbstbewusstsein im Menschen. Er hat Angst vor jenen, die ihm in Bezug auf Talente, Macht, Stellung oder Tüchtigkeit überlegen sind. Er hat das Gefühl, dass er nichts zustande bringt.

Körperliche Entstellung oder Mangel an mentaler oder körperlicher Tüchtigkeit und falsche Kindererziehung sind andere Angstursachen.

Nur die Selbstverwirklichung, die Erfahrung der Einheit mit Gott befreit von jeder Furcht.

Furcht und Bindung

Furcht und Bindung[7] sind Bewegungen, Wellen im Gemüt. Sie sind eine Art vorübergehender Wirbel. Das Gemüt setzt sich aus Furcht und Bindung zusammen. Diese sind wie Zwillinge, die eng miteinander verbunden sind. Wenn Furcht und Verhaftetsein zunichte werden, hören Leben und Existenz des mentalen Egos auf.

Die Furcht ist, wie gesagt, die Folge von Unwissenheit. Durch Verblendung und die Identifikation mit dem Körper vergisst der Mensch sein eigentliches göttliches Wesen. Im Urbeginn war er die alldurchdringende, unsterbliche, furchtlose Seele oder *Brahman*, Gott. Durch Selbstsucht wurde er ein widerspenstiges Kind. Er trennte sich von seinem Vater und erstrebte persönlichen Besitz. Er begann sein eigenes unabhängiges Leben auf dieser irdischen Ebene. Er mietete sich ein Haus in der Welt, zog in sein Körperhaus aus Fleisch und Knochen ein und wurde ein kleiner, furchtsamer Mensch, ein kleines Lebewesen, *Jiva*, ein persönliches Ich, bedrängt von

---

[7] *Raga*

Ängsten aller Art. Auf diese Weise vollzog sich sein Niedergang, sein Sturz in die Tiefe, verursacht durch den Streit mit seinem allmächtigen Vater und durch sein neues egoistisches Leben mit irdischen Bindungen.

Als der *Jiva* eins mit dem Vater war und sie eine gemeinsame Familie bildeten, war er körperlos, muskel-, knochen- und fleischlos, frei vom Ich, frei von „mein und dein", frei von Wünschen und Plänen. Er war absolut furchtlos, immer glücklich, von Frieden erfüllt. Er hatte keinen Gedanken an Körper, Haus, Eigentum, Frau, Kinder, Stellung und Ansehen. Er dachte weder an körperliche Krankheiten noch an den Verlust seiner gesellschaftlichen Stellung oder seines Ansehens. Er hatte keine Gedanken an Feinde, Krieg oder Aufruhr und dachte nicht daran, sich in Sicherheit zu bringen. Sein ursprünglicher Wohnort war sicher, voll Frieden, frei von jeder Art von Gefahr und Feinden. Es war alles eine einzige Gottesgemeinschaft. Es gab keine Angst vor Angriffen mit Bomben oder Torpedos. Er lebte in einer unbezwingbaren Festung mit sicherem Schutz vor Krankheiten, Bomben, Erdbeben.

In seinem neuen, von Gott getrennten, selbstsüchtigen Leben wurde der Mensch egoistisch, ehrlos, engstirnig und niederträchtig. Immer dachte er an das Fleisch und an dessen Vergnügen. Er praktizierte und verbreitete die Philosophie des Fleisches.

Da er mit seinem eigenen Körper und dem Körper seiner Frau und seiner Kinder sowie mit seinem Haus und Eigentum stark verbunden ist, vermehren sich seine Ängste von Tag zu Tag. Ständig fürchtet er, sein Haus, sein Eigentum, seine Frau und seine Kinder zu verlieren. So ist Verhaftetsein die Ursache von Angst. Wo keine Bindung ist, da ist auch keine Angst. Das erste Glied in der Kette der Bindung ist das Anhaften am physischen Körper. Damit beginnen alle Arten der Bindung.

Lord Krishna sagt in Seiner *Bhagavad-Gita*: „Jener, der frei ist von Bindung, Furcht und Zorn, wird ein Weiser mit unbeirrbarem Gemüt genannt." Gib die Verhaftung auf durch Übung des Nicht-Anhaftens und der Losgelöstheit[8] und durch die Bindung an die Lotosfüsse des Herrn, des furchtlosen *Brahman*. Alle Ängste werden verschwinden.

Du bist verhaftet an eine Uhr, ein Buch, einen Wanderstab, ein Tuch. Langsam kriecht die Furcht heran, die Furcht, sie zu verlieren. Sage dir immer: „Alle Gegenstände sind illusorisch, vergänglich und verursachen Schmerz." Dann wirst du nicht mehr gebunden sein. Und wenn noch eine Verhaftung besteht, wird sie nur schwach sein. Durch ein wenig Nachdenken und Unterscheidungskraft kannst du sie vertreiben.

---

8 *Vairagya*

Gib die Bindung an diesen Körper auf, indem du dich mit dem körperlosen, geschlechtslosen, reinen, alles durchdringenden, unsterblichen Höheren Selbst oder *Brahman* identifizierst. Alle Arten von Furcht und Verhaftung werden völlig verschwinden.

Bejahe, fühle, erkenne:

Ich bin körperlose, unsterbliche Seele oder *Brahman*	OM OM OM
Ich bin die geschlechtslose, alles durchdringende Seele[9]	OM OM OM
Ich bin der furchtlose *Brahman*	OM OM OM
Ich bin jetzt voller Losgelöstheit	OM OM OM
Es gibt gar keine Welt	OM OM OM
Ich allein existiere	OM OM OM
Ich bin todlos und glückselig	OM OM OM
Ich bin der absolute *Brahman*	OM OM OM

Mögen alle Menschen frei sein von Furcht und Bindung! Mögen sich alle fest im furchtlosen *Brahman* verankern, indem sie Mut praktizieren und über den furchtlosen, unsterblichen *Brahman* meditieren.

Eingebildete Furcht

Jeder Mensch leidet unter irgendeiner eingebildeten Angst. Er ist ohnehin schon erregt durch Lust, Ärger,

---

[9] *Atman*

Gier, Stolz und Hass. Nun facht noch die Furcht das Feuer seiner weltlichen Gemütsbewegungen an. Wie ein Affe jagt er durch die Gegend und kommt keine Sekunde zur Ruhe.

Der Anteil der normalen Furcht beträgt ca. 5%. Die eingebildeten Ängste machen 90% aus. Sie verursachen Krankheiten, erschöpfen die Lebenskräfte, bewirken alle Arten von fieberhaften Aufregungen, Unbehagen, Unruhe, Disharmonie usw.

Im Fall von Epidemien, Cholera oder Typhus ist die Angst die Ursache, die dafür empfänglich macht. Ein Mensch hat große Angst vor der Cholera, sorgt sich und bildet sich ein, die Krankheitserreger wären in seinen Körper eingedrungen. Diese Einbildung richtet massiven Schaden an; dadurch fällt er dieser Krankheit tatsächlich zum Opfer!

Ein Student bereitet sich Tag und Nacht für das bevorstehende Examen vor. Er hat alle Zwischenprüfungen mit Lob bestanden und müsste sich keine Sorgen machen. Aber er verfällt in eine Art eingebildeter Prüfungsangst. Kaum hat er den Prüfungsraum betreten, wird er nervös und verwirrt. Seine Hände zittern, er kann nicht schreiben. So fällt er durch die Prüfung.

Ein kluger Anwalt, der vor Gericht gut argumentieren konnte, sollte einen Vortrag über „die Notwendigkeit der Religion" halten. Er bestieg das Podium. Eine große Zuhörerschaft schaute ihm entgegen. Da bekam er Lampenfieber und geriet in Verwirrung. Seine Stimme stockte. Er begann zu schwitzen, stotterte etwas und machte eine erbärmliche Figur auf dem Podium. Innerhalb von fünf Minuten war er wieder unten.

Herr Rama war ein gesunder Mann. Da bekam er eines Tages Husten, als er sich einem kalten Durchzug aussetzte. Es war eine einfache Erkältung oder Bronchitis, die jedoch einige Wochen anhielt. Er konsultierte einen Arzt, der ihm riet, sich in einem Sanatorium untersuchen zu lassen, da es Tuberkulose sein könnte. Der Satz, dass es Tuberkulose sein könnte, löste in Herrn Rama eine Panik aus. Diese Vermutung war falsch, aber sie verursachte eine eingebildete Furcht in ihm. Von dem Moment an machte er sich Sorgen. Sein Gesundheitszustand verschlechterte sich fortlaufend und schließlich zog er sich tatsächlich eine Lungentuberkulose zu.

Alle Arten von Krankheitskeimen befinden sich im Körper. Wenn man gesund und vital ist, können sie kein Unheil anrichten. Wenn aber die Lebenskraft abnimmt, gewinnen sie die Oberhand und man fällt ihren Angriffen und Verwüstungen leicht zum Opfer.

Herr Banner schlief in seines Freundes Haus. Er und sein Freund sprachen am Abend zuvor über die unheilvollen Aktionen böser Geister. Diese Gedanken senkten sich tief in sein Unterbewusstsein. So träumte er in dieser Nacht, dass der Raum, in dem er schlief, ein Spukraum sei und dass ein böser Geist ihm Schaden zugefügt hätte. Obwohl es sich nur um eine Einbildung handelte, begann er von diesem Tag an, seine Gesundheit langsam zu verlieren.

Joshi war ein Freund von Gupta. Gupta kam eines Abends ins Haus von Joshi, sprach aber nicht mit ihm, sondern verließ sein Haus ganz plötzlich wieder, da er am Bahnhof einen Freund treffen sollte. Joshi meinte daraufhin, Gupta sei aus irgendeinem Grund verärgert über ihn. Dann sah er, wie Gupta ernsthaft mit Rajkrishna sprach, der ihm feindlich gesinnt ist, und glaubte nun, dass Gupta sein Feind geworden sei. Er entwickelte eine Art eingebildeter Angst vor Gupta, denn er dachte, dass dieser alle seine Geheimnisse Rajkrishna ausplaudern würde.

Es gibt Menschen, die entwickeln die eingebildete Angst, ihre Stelle zu verlieren. Andere denken: „Was wird aus mir, wenn meine Frau jetzt stirbt? Ich muss neun Kinder versorgen." Wieder andere haben die eingebildete Furcht: „Was kann ich tun, wenn mein Geschäft fehlschlägt?" „Was wird aus dem Hinduismus, wenn ganz Indien pakistanisch wird, wenn der Kommunismus ganz Indien überflutet?"

Solche eingebildeten Ängste nehmen kein Ende.

Setze dich einen Augenblick hin. Denke tief nach. Schaue in dich hinein: Alle eingebildeten Ängste werden weichen, sie werden sich in nichts auflösen. Es sind deine eigenen Gefühle, Gedanken, Vorstellungen und Wünsche, die dich hinters Licht führen. Lerne gründlich zu denken, zu unterscheiden und zu meditieren Erwecke Mut in dir. Das Gemüt, der menschliche Geist, ist wie eine Menagerie, deren Tiere immer sprungbereit sind, um über dich herzufallen. Sei ein stiller Beobachter dieser Menagerie. Du merkst, dass du all die Jahre von diesem tückischen Gemüt getäuscht worden bist und dass die Furcht gar nicht existiert, dass sie eine große Null ist.

Phobien

Irrationale, seltsame, zwanghafte, persönliche Ängste werden Phobien[10] genannt. Diese werden durch keine objektive Wirklichkeit verursacht. Obwohl der bedrohliche Gegenstand oder die Situation, die Furcht erregen könnte, fehlt, kann sich der von Angst und negativen Gefühlen befallene Mensch nicht davon befreien.

Die einen fürchten sich sehr vor Schlangen; das ist eine Schlangenphobie. Andere haben Angst vor Skorpionen oder Ratten, vor dem Donner oder vor der Dunkelheit, andere vor Menschenmengen oder vor dem Alleinsein. Wieder andere haben Angst im weiten Raum, andere haben Platzangst: Sie fürchten

---

[10] Griechisch *phobos*: Furcht

enge Räume wie Tunnel usw. Andere haben Angst vor allen möglichen Krankheiten: Obwohl der Arzt eindeutig erklärte, dass der Patient keine organische Krankheit hat, meint dieser nach wie vor, sein Herz, seine Nieren oder seine Leber seien erkrankt. Das sind alles Phobien, die sich auf den Körper beziehen.

Manche haben Angst vor allem und jedem. Die Amerikaner fürchten die Russen und die Russen die Amerikaner; die Inder haben Angst vor den an der Grenze benachbarten Stämmen. – Es gibt zahllose Phobien.

Die Ursachen dieser Phobien sind Nervosität, Dummheit in starker oder schwacher Form und Mangel an Unterscheidungskraft, an klarem Denken und rechtem Verständnis.

Die Phobie ist eine unnatürliche Art von Furcht. Normale Furcht entsteht, wenn dem Leben durch einen äußeren Faktor Gefahr droht, durch einen Tiger, eine Kobra oder einen Menschenaufruhr. In solchen Fällen ist die Angst ganz natürlich. Der Mensch versucht, sein Leben durch Kampf oder Verteidigung zu retten.

Entwickle Willenskraft, Mut und Standhaftigkeit, Ausdauer, Festigkeit und Widerstandsfähigkeit gegenüber jeder Gefahr. Meditiere über den Mut. Suche die Gesellschaft von Weisen und Yogis auf. Versenke dich in Gott, der keine Angst kennt. Alle Phobien werden verschwinden.

Wer sich in Gesellschaft vieler Menschen unbehaglich fühlt, gegen Menschenmengen Widerwillen empfindet und in Angst gerät, sollte sich langsam an die Leute gewöhnen. Anpassungswillen und Kraft werden die Gemütserregung meistern. Selbst in einer großen Menschenmenge sollte man Ruhe bewahren. Eine einseitige Entwicklung ist eine unvollständige Entwicklung. Sie sollte integral sein, mit ausgeglichenem Gemüt unter allen Umständen und an allen Orten.

Menschen in gut beleuchteten Städten und Stadtbezirken fürchten sich, im Dunkeln zu gehen. Sie stellen sich vor, etwas Unglückliches würde geschehen, das Schmerz, Schaden oder Beschwerden verursacht. Wieviele Weise und Mönche gibt es jedoch, die in dunkler Nacht über Stock und Stein wandern und in Höhlen leben, der Wohnstätte von wilden Tieren, Insekten und Wespen. Dhruva Bhagat tat Buße mitten unter wilden Tieren. Bevor Dhruva das Jünglingsalter erreichte, ging er in den Wald und verrichtete große asketische Übungen. Bharata spielte mit den Jungen wilder Tiere.

Wer Angst davor hat, im Dunkeln zu gehen, sollte versuchen, diesen Mangel dadurch zu beseitigen, dass er zu Beginn mit einem Licht in der Dunkelheit geht und langsam dazu übergeht, sich auch ohne Licht im Dunkeln zu bewegen. Seine Furcht wird allmählich verschwinden.

Furcht ist eine negative Kraft. Der positiven Kraft, dem Mut, kann sie nicht widerstehen.

Die Bindung an das irdische Leben und an den Körper bildet den Hauptgrund aller Arten von Furcht. Die Liebe zu einem Objekt ist immer mit Angst gekoppelt, ebenso die Verhaftung an Geld und Frauen, an Ruhm und Namen. Jede Bindung ist der Ursprung großer Angst. Wer etwas besitzt, ist der Furcht ausgeliefert. Nur der fürchtet nichts, der alles aufgegeben hat und Gott in allem sieht.

Wir haben Angst, weil wir den Gegenstand unserer Liebe nicht verlieren wollen. Wenn uns etwas daran hindert, die Gegenstände unserer Liebe und Wünsche zu erlangen, sind wir verärgert, geraten in Bestürzung und verlieren das Gleichgewicht unseres Gemüts. Der Verzicht auf alles und die Liebe zu Gott ist die beste Medizin, um alle Furcht zu überwinden.

Setze dich ruhig hin und schaue nach innen. Dringe bis zur Wurzel deiner Schwierigkeiten vor. Wenn dir das nicht gelingt, kannst du dir von einem Psychotherapeuten oder einem Yogi helfen lassen. Das, was tief in deinem Unterbewusstsein begraben ist, sollte befreit oder beseitigt werden.

Mögen alle Tapferkeit erwerben! Mögen alle beherzt und freudig sein. Mögen alle Mut, Kraft und Friede ausstrahlen, das Erbteil ihres allmächtigen Vaters, des furchtfreien, unsterblichen Gottes!

Erzeuge keine Eindrücke
von Schreckgespenstern

Mütter erzeugen oft Eindrücke von Schreckgespenstern im Gemüt ihrer Kinder. Wenn diese weinen, nicht essen wollen oder unartig sind, drohen ihnen die Mütter mit dem „bösen Mann", der sie holen wird. Diese Vorstellung erschreckt die Kinder, prägt sich tief ins Unterbewusstsein ein und bewirkt, dass sie sehr furchtsam sind, wenn sie das Jugendalter erreichen.

Das Gemüt ist wie die empfindliche fotografische Platte einer Kamera. Was immer von der Linse wahrgenommen wird, wird in die lichtempfindliche Fotoplatte dahinter eingeprägt. Genauso wird alles Gesehene und Gehörte in die sensitive Tafel des Gemüts eingegraben.

Der kindliche Geist ist besonders empfindsam und formbar. Deshalb sollten Mütter und Lehrer im Umgang mit Kindern sehr gewissenhaft und verantwortungsbewusst sein. Sie sollten ihnen nichts erzählen, was sie erschrecken könnte. Stattdessen sollten sie ihnen Heldengeschichten erzählen, damit sie Mut entwickeln. Wenn die Mütter intelligente und tapfere Kinder zur Welt bringen wollen, sollten sie schon während der Schwangerschaft inspirierende, erhebende Bücher lesen mit den heldenhaften Taten großer Heiliger und Weiser wie das *Ramayana*, *Bhagavatam* und *Mahabharata*[11].

Mütter, Väter und Lehrer sollten wenigstens eine elementare Kenntnis der Psychologie haben, um die Kinder richtig zu erziehen.

Die Heilige Madalasa sang ihren Kindern folgendes Wiegenlied: „O Kind, du bist reines Bewusstsein. Du bist ohne Flecken. Du bist frei von Illusion[12] und vom Kreislauf von Geburt und Tod[13]." Alle ihre Kinder wurden Weise.

Die Welt braucht dringend Heilige wie Madalasa. Die Zukunft der Welt und der Kinder liegt in den Händen liebevoller und intelligenter Mütter.

Verschiedene Arten von Furcht

Furcht ist eine negative Eigenschaft oder Regung des Gemüts. Sie ist ein Produkt der Unwissenheit. Sie tritt auf, wenn man sich mit dem Körper identifiziert und sein unsterbliches Selbst vergisst. Sie ist der alte Gefährte des Verhaftetseins oder der Täuschung.

Furcht, Sorgen und Ärger erschöpfen alle Energien des Menschen und führen zur Entkräftung und zu einem frühen Tod.

---

[11] Hindu-Epen, Legenden von Märtyrern, todesmutigen Heiligen usw.
[12] *Maya*
[13] *Samsara*

Niemand ist völlig frei von Furcht. Nur der Weise und der in der Wahrheit verwurzelte Gottliebende haben die Furcht überwunden. Wie kann Furcht jenen Weisen berühren, der sein eigenes Selbst überall sieht? Wenn man die Furcht besiegt, hat man die Hälfte der geistigen Übungen schon bewältigt.

Die Furcht ist ein jedem Menschen eingegrabener Instinkt. Sie ist universal, unabhängig von Zeit und Raum und kann uns immer und überall überfallen.

Selbst die Naturelemente sind ihr ausgeliefert. Es heißt, der Wind blase aus Angst vor Ihm, dem Einen, die Sonne gehe auf aus Furcht vor Ihm, das Feuer und der Tod erfüllten ihre Pflicht nur aus Furcht. So ist die Angst auch unter den Lichtwesenheiten und Naturelementen nicht unbekannt. Gleicherweise beherrscht sie die großen und kleinen Tiere, die Insekten und praktisch die gesamte Schöpfung dieser Welt.

Im Allgemeinen ist die Furcht die Folge von Schmerz, Verletzung oder Unbehagen. Dieser Instinkt weist einen Erbaspekt auf, weshalb er allgemein verbreitet und sehr hartnäckig ist. Auch die Faktoren der Umgebung, des Milieus und der Erziehung spielen eine Rolle. Doch die Idee einer äußeren, übergeordneten Macht über das eigene Ich ist die Hauptursache der Furcht. Das Gemüt ändert dementsprechend seine Verfassung. Es bekommt eine andere Sicht. Das Wahrnehmungsvermögen wird getrübt. Das mentale

Gleichgewicht kommt ins Wanken. Abnormes Denken und Handeln, hysterische oder neurasthenische Krämpfe können die Folge der einen oder anderen Art von Furcht sein. Daraus resultiert der unmittelbare Wunsch, der gefährlichen Situation zu entfliehen.

Auf alle Fälle muss uns ganz klar sein, dass bloßes Sehen oder Hören die Angstwirkung nicht auslöst. Gewöhnlich fürchtet das Kind Vater oder Mutter nicht. Nur wenn der Vater sich außergewöhnlich verhält oder auf unnatürliche Weise brüllt, gerät das Kind in Schrecken vor ihm. Das prägt sich dem Gemüt ein und wirkt sich noch im späteren Leben aus. Diese Erinnerung kann auch im erwachsenen Alter kaum ausgemerzt werden. Man sollte also Kindern keine Angst machen.

Furcht sollte nicht mit Aufgeschrecktsein verwechselt werden. Schulkinder fliehen, wenn sie den Kopf ihres Lehrers an der Straßenecke auftauchen sehen. Das heißt nicht, dass sie Angst haben. Das kommt von einem allgemeinen Instinkt, sich dem Blick des Lehrers zu entziehen. Wenn der Lehrer andererseits einen Stock zur Hand nimmt, erleidet das Kind eine gewisse Bedrohung und stellt sich eine bevorstehende Verletzung vor. Folglich fürchtet es seinen Lehrer.

Furcht wird auf sehr unterschiedliche Weise ausgelöst: Ein Soldat fürchtet weder Messer noch Kugel, dafür hat er Angst vor Schlangen oder Skorpionen.

Ein Jäger fürchtet nicht die Tiger im Wald, aber das Messer des Chirurgen. Manche haben Angst vor Geistern. Viele Menschen fürchten öffentliche Kritik, andere Krankheiten. Der König fürchtet seinen Feind. Eine schöne Frau hat Angst vor dem Altwerden. Ein Anwalt fürchtet den Richter und seine Mandanten. Die Frau fürchtet ihren Ehemann, der Schüler den Lehrer und der Polizeiinspektor seinen Vorgesetzten.

Wenn man an Mut, das Gegenteil von Furcht, denkt, wird das Negative – die Angst – langsam verschwinden. Mut muss Schritt für Schritt entwickelt werden.

Wählt ein Wortbild und haltet es euch ständig vor Augen, z.B. „*OM* – MUT". Wiederholt diese Formel immer wieder. Ein Wort ist der Kernpunkt einer Idee. Die Idee ist der Schwerpunkt eines mentalen Bildes. Ein Bild im Gemüt wiederum ist der Ausgangspunkt für eine mentale Gewohnheit. Eine gedankliche Gewohnheit, die Gewohnheit bestimmten Denkens, führt zur Entwicklung eines Wesenszugs, einer Eigenschaft des Menschen. Wer im Gemüt ein klares, deutliches, scharf geschnittenes Bild der Qualität des Muts formt, wird diese Eigenschaft in sich entwickeln. Das unterbewusste Gemüt wird das Nötige dazu beitragen. Auch der Wille wird zu Hilfe kommen. Wer ernstlich wünscht, tapfer zu sein, dem wird der Wille sofort zu Diensten sein.

Hänge dich nicht an diesen vergänglichen Körper. Er ist wie eine Kokosnussschale oder ein Kopfkissenbezug. Denke immer an den innewohnenden, unsterblichen Geist in dir. Identifiziere dich mit Ihm. Das ist die wirkungsvollste Methode. Die Furcht wird verschwinden. Du kannst durch den dichtesten Urwald gehen und ohne Licht und ohne Begleitung mitten in der Nacht auf den Straßen wandern. Der Gottliebende verliert alle Furcht durch totale Selbstübergabe.

2. Kapitel

Methoden zur Überwindung der Furcht

Der Sieg über die Furcht

Die Furcht muss überwunden werden. Das kann durch die Befreiung von den Gegenständen der Furcht geschehen.

Umerziehung des Gemüts, Entwicklung der Macht des menschlichen Geistes, praktische Tätigkeiten und bewusste Anwendung der erworbenen Kenntnisse – das alles sind wesentliche Faktoren, um die Furcht zu besiegen. Wir müssen zur Überzeugung kommen, dass es kein Objekt gibt, das gefürchtet zu werden braucht.

Wenn ein Kind vor etwas Angst hat, sagen wir ihm zuerst, dass es nichts zu fürchten gibt; wir bestreiten, dass der Gegenstand zu fürchten ist. Wir erklären dem Kind, was wirklich vorliegt und was die Wahrheit ist. Wir überzeugen das Kind davon, dass es nur seine Einbildung war, die diese Furchtempfindung in ihm ausgelöst hat. Wir bestätigen das, was wahr ist. So müssen wir uns auch als Erwachsene fortwährend das Wissen einprägen, dass im ganzen Weltall nichts existiert, was Furcht verursachen könnte. Dem Unterbewusstsein, das durch einen ungewohnten Anblick oder eine barsche Stimme erschreckt wird, müssen wir immer wieder versichern, dass all dies falsch ist und dass die sich dahinter befindende Wahrheit mit dem wirklichen normalen Sinn und Wissen wohl vertraut ist. Sobald nämlich die Furcht vollständig beseitigt ist, kann uns nichts Schaden bringen.

Die Umerziehung des Gemüts allein wird uns aber diesen unerschütterlichen Mut nicht vermitteln. Das Wissen muss bei jeder Gelegenheit praktisch geübt und in die Tat umgesetzt werden.

Auf vielen Veranstaltungen wird betont, dass das, was Menschen als Schlangen ansehen, ja nur Seile seien. Es fehlt aber die Stärke, um die entsprechende Erfahrung zu realisieren. Man resigniert aus Mangel an Übung. So kommt man nicht zum Ziel. Nur dann wird der Mensch von Furcht befreit, wenn das fundierte Wissen mit der Praxis gekoppelt wird. Die Idee anzunehmen, „es gibt nichts zu fürchten, weil uns nichts schaden kann, auch wenn das Gegenteil augenscheinlich wahr ist", mag paradox erscheinen.

Wenn man die Furcht verneint, kann man den Gegenstand der Furcht überwinden. Wir sollten gar keinen Dualismus im Gemüt dulden, nicht eine Spur von Gegensätzlichkeit. Stets sollten wir kosmische Liebe und universelle Bruderschaft entfalten. Wo

Liebe und Brüderlichkeit sind, existiert keine Feindschaft. Da gibt es auch keine überlegene Macht, auch kein seichtes Vergnügen und keinen Schmerz. Allerletzten Endes existiert auch die Furcht nicht. Dies ist eine Stufe. Die letzte Stufe ist das Gefühl und Bewusstsein der Einheit mit allem. Alle sind Gott. Alle gehen ein in Gott. Alle werden eins mit Ihm. Gott allein durchdringt das ganze Weltall. Es gibt keine zweite höchste Macht. Es gibt in Seiner Schöpfung nichts Zweites. Dieses Wissen vernichtet die Furcht vollständig und führt uns in ewigen Frieden.

Die Furcht stammt nicht aus dem eigenen innersten Selbst. Dies ist das Geheimnis. Das Wissen von Gott, die Kenntnis der ewigen Wahrheit vernichtet die Furcht restlos.

Die Wahrheit muss ausgesprochen werden. Wir müssen darüber nachdenken und meditieren. Dann tritt sie aus dem Hintergrund hervor und wird uns bewusst. Die Rezitation heiliger Schriften und Hymnen ruft ganz bestimmte Schwingungen hervor. Diese Vibrationen vernichten alle unheilvollen Vorstellungen. Viele sonst unheilbare Krankheiten, die im Gemüt der Leidenden Todesfurcht wecken, werden allein schon durch solche Schwingungen geheilt. Ein tamilischer Heiliger heilte einen König von Madura von einer unheilbaren Krankheit durch diese Rezitationen. Ein anderer tamilischer Heiliger wurde von seinen Magenbeschwerden nur durch diese

Schwingungen geheilt. Sakkubai wurde immer wieder durch ihre tiefe Hingabe an Krishna von ihren Schwierigkeiten erlöst. Sie alle fühlten sich eins mit Gott. Thirunavukkarasu Swamigal wurde in einen Kalkofen gesperrt, um verbrannt zu werden. Er fühlte die Einheit mit Gott. Sein Gemüt war nicht im geringsten bekümmert. Auch sein physischer Körper war in keiner Weise von Todesfurcht ergriffen.

Erstickende Wellen der Furcht mögen uns zuweilen überschwemmen. Wir verlieren vielleicht das mentale Gleichgewicht für eine Weile. Vielleicht sind wir überempfindlich und erregt. Eine Kette von Übeln erscheint in schneller Folge vor uns. Die Erinnerung an die Vergangenheit galoppiert mit beflügelter Geschwindigkeit vorbei. Die Einbildung steigt hoch und wir malen uns Unglück über Unglück aus, das uns erwartet. Unter all diesen Umständen müssen wir jedoch unser vollstes Vertrauen in Gott setzen, zu Ihm Zuflucht nehmen und felsenfest glauben, dass Er allein uns erlösen kann.

In dieser Weise die Furcht überwinden genügt jedoch nicht. Es muss durch praktische Übung erprobt werden. Zuerst müssen wir jenen entgegentreten, die wir fürchten. Wenn jemand Angst hat, einem Publikum gegenüberzutreten, dann sollte er gerade das tun als seine erste und vornehmste Pflicht, bis er frei ist von Lampenfieber und Nervosität. Wenn wir zittern, unserem Vorgesetzten oder irgendeiner anderen Person zu begegnen, von der wir glauben, sie sei mit höheren Kräften ausgestattet, muss das als erste Pflicht jeden Tag vorgenommen werden, bis man genügend moralische Kraft gewonnen hat. Wenn man im Dunkeln durch den Anblick von etwas entsetzt ist, muss man sofort zu dieser Stelle springen und feststellen, dass das, was die Angst erregte, nichts anderes als das tägliche Arbeitsgerät ist.

Schlimmer noch als jene im Wachzustand können die Schrecknisse des Traums sein, welche auf Gemütszustände vor dem Schlafen zurückzuführen sind. Deshalb sollte man nie in einem Zustand von Sorge oder Angst zur Ruhe gehen, noch mit schwerem Herzen oder im Gedanken an ein drohendes Unheil. Jeder sollte vor dem Schlafen alle derartigen Stimmungen und Gedanken aufgeben und sich auf Gott konzentrieren, bis er von seinen Ängsten befreit ist. Im Gemüt und in der Seele muss völliger Friede sein. Gelingt es ihm nicht, über Gott zu meditieren, sollte er laut eine Hymne oder ein Gedicht rezitieren, bis er darüber einschläft. Dann wartet bestimmt ein tiefer, friedlicher Schlaf auf ihn.

Wenn wir über Leitsätze der Wahrheit meditieren, öffnet sich unser inneres Auge der Weisheit. Es wird uns das rechte Verständnis geschenkt und wir erkennen die Wahrheit. Das ist Gottesdienst. Das ist Verehrung des Herrn, die uns von Bindung und Knechtschaft befreit.

Wenn wir jederzeit geistig arbeiten und das Erkannte in der Praxis verwirklichen, wenn wir in göttlichen Gedanken und in einem höheren Gemütszustand weilen, überwinden wir nicht nur die Furcht,
sondern werden eins mit Gott.

Überwindung eines negativen Gefühls durch das gegenteilige positive Gefühl[14]

Was du denkst, das wirst du. Du entwickelst dich
deinem Denken gemäß. Dein Leben formt sich allmählich nach deinem Ideal. Das geschieht deshalb,
weil dem Gedanken eine starke umwandelnde Kraft
innewohnt.

Du solltest dir deshalb große Menschen mit ed-
lem Charakter zum Vorbild nehmen und über ihre
Taten, ihre Ideale und ihr Leben nachdenken. Dadurch wird dein Leben mit Reinheit, Mut usw. erfüllt
und du wirst selber zu einem edlen, vollkommenen
Menschen. Der Gedanke wird dich nach seinem Bild
formen. Der Mensch wird zu dem, was er verehrt. Er
wird das, was er denkt. Dies ist eine Tatsache.

Setze dich frühmorgens hin und schließe deine
Augen. Meditiere eine halbe Stunde lang über die
Tapferkeit, das Gegenteil von Furcht. Denke über die

---

[14] *Pratipaksha-Bhavana*-Methode

Vorteile des Muts und die Nachteile der Angst nach. Praktiziere die Tugend des Muts während des Tages. Empfinde, dass du Tapferkeit schon in hohem Maß besitzt. Bringe sie im täglichen Leben zum Ausdruck. In einigen Wochen oder Monaten wird die Angst durch Mut ersetzt sein.

Bekräftige folgende Formeln und meditiere darüber:

Ich bin ganz und gar Mut	*OM OM OM*
Ich bin eine Verkörperung des Muts	*OM OM OM*
Ich bin ein großer Held	*OM OM OM*
Mein Wille ist stark	*OM OM OM*
Ich fürchte gar nichts	*OM OM OM*
Ich bin kühn und rechtschaffen	*OM OM OM*
Tapferkeit ist mein Geburtsrecht	*OM OM OM*

Es ist sehr schwer, die Furcht direkt anzugreifen, denn sie ist sehr stark. Während Hunderter von Leben warst du das Opfer dieses negativen Charakterzugs, weshalb er tief in dir verwurzelt ist. Nun aber säe den Samen des Muts in dein Herz! Lass ihn wachsen. Die Furcht wird dann von selber sterben, weil das Positive immer das Negative überwindet. Dies ist ein unwandelbares psychologisches Gesetz, das die *Raja-Yogis* als Methode zur Überwindung negativer Gemütsbewegungen einsetzen. Wende sie immer wieder an – der Erfolg ist sicher! Mögest du über die Furcht siegen, indem du durch diese Methode des Gegenteils Mut entwickelst.

Das Empfinden der Gottgegenwart

Gott ist alldurchdringend. Immer ist Er bei dir. Er ist in dir und um dich herum. Man braucht Ihn nicht in der Ferne zu suchen. Das physische Auge kann Ihn freilich nicht sehen. Der Tastsinn kann Ihn nicht erreichen. Er muss durch das innere Auge der Weisheit geschaut werden.

Die moderne Zivilisation hat die Menschen in solchem Ausmaß versklavt und abhängig gemacht, dass sie zu ursprünglichen echten Empfindungen, Gedanken und Taten nicht mehr fähig sind. Sie geben sich keine Rechenschaft über ihr tägliches Handeln, über die Folgen ihres Vorgehens und Tuns; sie denken nicht darüber nach, was sie eigentlich suchen und welchem Ziel sie entgegengehen. Erfindungen, Neuerungen und verbesserte Einrichtungen haben den Menschen von der Arbeit und der menschlichen Geschicklichkeit und Kunstfertigkeit entwöhnt. Die Energieeinsparung in dieser Richtung hat aber nur seine Trägheit hervorgerufen. Er ist das Opfer vermehrter sinnlicher Wünsche und Vorstellungen geworden. Verloren in den fortwährend sich ergießenden Luxusströmen des Lebens hat der Mensch die wahre Bedeutung, den eigentlichen Sinn dieses Lebens völlig vergessen. Er denkt nicht darüber nach, woher die täglichen Notwendigkeiten kommen, wer der nie versagende, unermüdliche Versorger ist, wo Er sich befindet, wie man Ihm begegnet, was man von Ihm erbitten und auf welche Weise man Ihn verehren kann. Kein noch so gründliches Studium auf dem Gebiet der Geografie, des Pflanzenreichs, der verschiedenen Technologien, der Physiologie und anderer Zweige der Wissenschaft wird diese Probleme lösen oder auch nur den geringsten Anhaltspunkt für eine Lösung bieten. All diese wissenschaftlichen Kenntnisse sind von verschiedenen Hypothesen abhängig, von Behauptungen und Informationen, die ihrerseits angefochten sind. Dieses Wissen wird uns in keiner Weise helfen, zur Quelle zu gelangen. Der Ursprung ist jenseits all dieser Begriffe und Vorstellungen. Sein Wohnsitz kann örtlich nicht dadurch festgestellt werden, dass wir die Finger über eine farbige Landkarte gleiten lassen. Der, der allem innewohnt, und Seine Wohnstatt können nur mit dem inneren Auge und durch richtiges Verständnis geschaut werden. Konzentration, Meditation und hohe edle Gedanken sind die Pfade zu Seinem Aufenthaltsort.

Die meisten Menschen fühlen sich außerstande, ihr Gemüt auf Gott zu konzentrieren und über göttliche Gedanken zu meditieren. Der Grund ist Mangel an Übung. Jedes Ziel wird durch Praktizieren erreicht. Die Praxis ist die Frucht richtigen Trainings. Geeignete Schulung bedarf aber der Beratung und Führung erfahrener Menschen. Das ist die „Einweihung zum richtigen Pfad".

In allen Zeitaltern begegnen wir solch großen Persönlichkeiten, die uns immer zu helfen bereit sind, die sich aber vielleicht nicht als solche ankündigen. Es ist unsere Sache, sie herauszufinden, den eigenen Guru oder Meister zu wählen, Ihm mit absoluter Aufrichtigkeit und ganzem Ernst zu dienen und unseren Durst nach Wissen zum Ausdruck zu bringen. Leere, fruchtlose Diskussionen und absichtliche Test-Fragen sollten streng vermieden werden. In unseren Lektionen und in unserer Praxis müssen wir gewissenhaft sein.

Es gibt aber Leute, die behaupten, es sei ihnen unmöglich, auch nur einen einzigen Menschen mit den Eigenschaften eines wirklichen Guru ausfindig zu machen. Obwohl absolut feststeht, dass keine Vollkommenheit auf irgendeinem Gebiet ohne einen Meister erlangt werden kann, ist es doch sicher, dass allen Menschen Gottes Nähe und Liebe in gleicher Weise gilt. Aufrichtigkeit und ernstes Streben tragen immer ihre Früchte. Unter diesem Vorwand sollten Konzentration und Meditation nie aufgegeben werden.

Wenn jemand ein ausgesprochener Filmfan ist, doch den Dialog in den Filmen nicht versteht, wird er deshalb gleich aufhören, die Vorführungen zu besuchen? Er nimmt jede Gelegenheit wahr, seinen Freund dorthin zu begleiten, weil dieser ihm die Darbietungen erklären kann und Bescheid weiß. Geht dies nicht, so sucht er sich mit irgendeinem von denen zu befreunden, die vor der Kasse Schlange stehen, und gelingt ihm auch dies nicht, so behilft er sich damit, dass er aufs Äußerste bemüht ist, mit Hilfe angestrengter Aufmerksamkeit den Gesamtzusammenhang des Films zu enträtseln. Durch den Kauf von zusammenfassenden Berichten, Bulletins und Besprechungen in Zeitschriften wird er bemüht sein, seine Kenntnisse in dieser Richtung zu erweitern. Er gibt nicht nach. Sein Wissensdurst lässt ihn an keinem Punkt stillstehen. Nach einer gewissen Zeit ist er über jeden Filmschauspieler völlig im Bilde. Er wird zu einer richtigen Leuchte in dieser Kunst. Stundenlang lässt er sich über die Talente all der verschiedenen Filmstars aus.

Woher kommen ihm all diese Fähigkeiten? Trainierte er sich nicht ernstlich, aufrichtig und energisch in der bestimmten Richtung? Wartete er auf einen Meister?

Welch ein Jammer aber ist es, dass ein Mensch solch bedeutungslosen Dingen nachhängt und darüber das wahre Ziel des Lebens vergisst.

Ganz allgemein klagen die Menschen, dass ihre Gedanken umherstreifen und sich mit weltlichen Dingen beschäftigen, wenn sie anfangen, an Gott zu denken. Dies ist nicht bloß ein Mangel an Übung, sondern auch ein Zeichen von Willensschwäche. Freilich stimmt es, dass es anfänglich äußerst schwer ist, das Gemüt auf Gott zu konzentrieren; für diese Übung muss eine völlig andere übergeordnete, höhere Schicht des menschlichen Geistes entwickelt werden.

Das Gemüt ist voller Vergnügungssucht. Immer ist es ruhelos. Es wandert durch alle Sphären, gute und böse, und muss durch Andacht, Konzentration und Meditation erhoben werden. Beständig muss es unter Kontrolle gehalten werden.

Versuche jeden Tag einige Minuten, dich allein in die Stille zurückzuziehen. Sollte dies unmöglich sein, so nutze jedes bisschen Freizeit, das du sonst für irgendein Vergnügen verwenden würdest, für diesen Zweck. Wähle einen einsamen Ort, ein Flussufer, den Gipfel eines Berges, die offene Hausterrasse, einen Meeresstrand, eine schlichte angenehme Wiese, die Ecke eines Tempels, einer Kirche oder einer Moschee oder ein Privatzimmer. Vertreibe alle umherstreifenden Gedanken. An einem der angegebenen Orte wird dies leicht sein, weil alle Sinne angezogen werden durch die besondere Schönheit des Ortes oder der Landschaft oder durch die Stille, die alles durchdringt. Wenn nötig, zünde Weihrauch oder Räucherstäbchen an, was dich frisch und wach erhalten wird.

Es gibt zwei verschiedene Arten von Gottesverehrung: die eine bezieht sich auf „die alles durchdringende Natur" und die andere auf „hier und hier allein". Wenn man sich hinsetzt, um über die Allgegenwart Gottes zu meditieren, d.h. über Seine Gegenwart in der Sonne, im Mond, in den Sternen, in allem und jedem, könnte man sich unter Umständen in der Unermesslichkeit verlieren. Auf der anderen Seite kann man im Anfangsstadium die göttliche Gegenwart auf einen bestimmten Ort beschränken, um dann später zur ersten Methode überzugehen.

Wenn du das Gemüt zur Ruhe gebracht hast – entweder durch die Konzentration auf einen bestimmten Punkt, auf ein Bild von irgendeiner Form Gottes oder durch das Lauschen auf das Murmeln eines Bachs oder der zurückfließenden Meereswellen –, sprich langsam und leise: „GOTT IST JETZT HIER", oder: „GOTT IST IN DIESEM RAUM."

Wiederhole zuerst in einer tiefen meditativen Weise: „GOTT IST JETZT HIER." Dann entspanne dich für eine Weile und wiederhole es erneut. Tue das unermüdlich, bis du ganz in deine Aussage vertieft und versunken bist. So wird die Gegenwart Gottes für dich zur Wirklichkeit.

Bleibe aber hier nicht stehen, denn dies ist nicht das letzte Ziel. Absolute Existenz, absolutes Bewusstsein und absolute Glückseligkeit sind das höchste Ziel, das zu erreichen ist.

Nachdem du erfahren hast: „GOTT IST JETZT HIER", wiederhole: „SEINE GEGENWART ERFÜLLT MICH VON KOPF BIS FUSS." Durch diese wiederholte Äußerung machst du dir Seine Gegenwart in dir bewusst.

Übe auf die gleiche Art: „GOTTES GEGENWART IST FREUDE", „GOTTES GEGENWART IST LIEBE" und „SEINE GEGENWART IST FRIEDE". Sobald die Gedanken abschweifen wollen, wiederhole diese Erklärungen mit lauter Stimme, bis das Gemüt wieder auf Gott gerichtet ist. Die Morgenstunden sind für diese Übungen am günstigsten. Sie werden dich von Furcht befreien und mit Mut, Freude und Frieden erfüllen.

Wenn du unermüdlich übst, wirst du von höchster Freude, kosmischer Liebe und ewigem Frieden erfasst werden. Was sollen wir von der Leuchtkraft eines solchen gottbewussten Yogi sagen? Wie herrlich wird er strahlen in dieser Welt!

Mögen alle Menschen diesen leichten Weg zur Erfahrung und Verwirklichung Gottes kennenlernen. Mögen alle diese Übungen mit Entschiedenheit und eisernem Willen durchführen. Mögen alle Seinen Segen empfangen. Mögen alle frei werden von weltlichen Bindungen und sinnlichen Qualen. Möge der allbarmherzige Gott allen Menschen Seine Hilfe verleihen und von den Kämpfen des Geburtenkreislaufs befreien!

Die Hingabe an Gott vertreibt alle Furcht

Gott schenkt den Ihm Hingegebenen völlige Sicherheit und entfernt alle Arten der Furcht. Er verwandelt das Gefühl von Unsicherheit und Angst in Vertrauen und Glauben. Er errettet ihn von Panik und Verzweiflung.

Mira wurde von ihrem Gatten auf verschiedene Arten gequält, aber *Lord Krishna* beschützte sie und beseitigte alle ihre Furcht. Das Gift im Becher wurde in Nektar umgewandelt. Die Kobra wurde durch einen Blumenkranz und einen Stein ausgetauscht, in dem sie ihre Gottheit erkannte. Mira wurde in den Käfig eines hungrigen Tigers gesperrt. Doch der Tiger fraß sie nicht, sondern küsste ihre Füße. All das war der Gnade von *Lord Krishna* zu verdanken.

Lord Hari (Vishnu) beseitigte alle Angst von Prahlada. Auch Prahlada wurde von seinem grausamen Vater gefoltert. Er wurde ins Meer geworfen. Er wurde von den Füßen eines Elefanten getreten. Er wurde von einem Berggipfel hinuntergerollt. Er wurde ins Feuer geworfen. Aber er wurde von *Lord Hari* gerettet, der alle seine Angst beseitigte.

Ein Gott hingegebener Mensch sieht nur Gott hinter allen Namen und Formen. Überall erfährt er Ihn. Wie kann es Furcht für einen Gottliebenden geben?

Wenn du deine Zuflucht zu Gott, zu Seinem Namen und Segen nimmst, wird alle Angst vollkommen verschwinden. Du wirst mit Kraft, Tapferkeit, Mut, Geistesgegenwart usw. erfüllt.

Gib deine Wünsche auf, deine Sympathien und Antipathien und jede Art von weltlicher Bindung.

Bete und meditiere:

O Gott, ich bin Dein	*OM OM OM*
Alles gehört Dir	*OM OM OM*
Dein Wille geschehe	*OM OM OM*
Erfülle mein Herz mit Mut	*OM OM OM*
Ergieße Deine Gnade über mich	*OM OM OM*
Lass mein Fühlen und Denken mit Dir verbunden sein	*OM OM OM*
Lass mich überall Deine Gegenwart spüren	*OM OM OM*
Lass mich Dich in allen Formen schauen	*OM OM OM*
Offenbare Dich mir	*OM OM OM*
Führe und beschütze mich	*OM OM OM*

Meditation über das Höhere Selbst
– Die Methode des Erkenntniswegs[15]

Die Meditation über die angstfreie, allem innewohnende Gottesseele entwurzelt alle Arten von Furcht. Ein Weiser erblickt nur das unsterbliche Selbst, das die Angst nicht erfährt. Wo besteht für ihn dann noch ein Grund, sich zu fürchten?

Nur dort ist Angst, wo Dualität, Zweiheit, Gegensätze existieren. Sobald man das Gefühl hat, es bestehe noch ein zweiter Faktor, ein zweites Objekt neben einem selbst, entsteht sofort die Furcht. Man fürchtet sich vor einem anderen Menschen. Trennung, Dualität, Wahrnehmung von Objekten: das ist alles die Folge von Unwissenheit.

Fange mit der Gegenströmung noch heute an. Verneine den Körper und identifiziere dich mit dem alldurchdringenden, unsterblichen, furchtfreien Höheren Selbst, Gott. Die völlige Verneinung des Körpers kann nicht in einem Tag und auch nicht in einer Woche erreicht werden. Denke fortwährend an Gott. Nach und nach wirst du furchtlos werden. Du wirst gegen die in dir existierenden unterbewussten Eindrücke[16], welche bis auf anfanglose Zeiten zurückgehen, kämpfen müssen. Je mehr du an Gott

---

[15]   *Jnana-Yoga*

[16]   *Samskaras*

denkst, umso tapferer wirst du werden. Nur durch fortgesetzte Hammerschläge wirst du den Nagel in die Wand oder in ein Brett hineinbringen. Genauso kannst du nur durch fortwährendes, lang andauerndes Denken an Gott absolut furchtlos werden.

Meditiere; bekräftige, erkenne, verwirkliche:

Ich bin das furchtfreie, alles durchdringende Höhere Selbst	OM OM OM
Ich fürchte nichts	OM OM OM
Der Mut ist mein Geburtsrecht	OM OM OM
Überall schaue ich Gott	OM OM OM
Alles ist mein eigenes Selbst	OM OM OM
Wer fürchtet wen?	OM OM OM
Für mich gibt es keine Dualität	OM OM OM
Ich sehe nur die nicht-duale Essenz	OM OM OM
Mein Wille ist jetzt sehr machtvoll	OM OM OM
Meine Macht ist unwiderstehlich	OM OM OM
Ich habe keinen Feind	OM OM OM
Der Feind, der Tiger, die Kobra sind mein eigenes Selbst	OM OM OM
Sie können mir nicht schaden	OM OM OM
Ich liebe sie wie mein eigenes Selbst	OM OM OM

Ein Weiser hasst niemanden und fürchtet niemanden. Mögen alle Menschen fest verankert sein im höchsten, nicht-dualen, furchtlosen Gott!

Die Furchtlosigkeit heilt
Gram und Kummer

Eine Tugend allein macht die Vollkommenheit nicht aus, geradeso wie ein Mensch nicht nur aus *einem* Glied besteht. Der Mensch ist aus vielen Teilen zusammengesetzt und die Vollkommenheit ist die Frucht vieler vorzüglicher Eigenschaften. Die Furchtlosigkeit spielt eine besondere Rolle unter ihnen. Sie ist der Gegenspieler des Kummers, den sie direkt an der Wurzel abschneidet.

Im richtigen Licht gesehen ist die Furchtlosigkeit die eigentliche Quelle der Tugenden, denn in den meisten Fällen irrt und sündigt der Mensch nicht, weil er der Tugend nicht folgen möchte, sondern weil er den Mut, den Heldenmut, jene furchtlose Kühnheit nicht aufbringt, selbst bis zum Tod der Tugend Treue zu halten. Es ist die Angst vor diesem oder jenem, die ihn veranlasst, sich unter dem Laster zu verkriechen, obwohl er weiß, dass er nicht dorthin gehört. Sobald er von Furchtlosigkeit erfüllt ist, wird die Aufrichtigkeit an Kraft gewinnen und der Ernst an Tiefe und Wirksamkeit. Der Mensch, aus dessen

Herzen die Angst vertrieben ist, wird fest zur Wahrheit stehen, unerschütterlich in seiner Hingabe sein, unabänderlich in seinen Entschlüssen, unermüdlich in seinen geistigen Übungen und in seinem Leben der Hilfsbereitschaft. Denn zugleich mit der Furcht wird das größte Hindernis für den geistigen Fortschritt weggeräumt: die Schwäche.

Wenn du den Eindruck hast, ein unbedeutendes kleines Wesen zu sein, dem die ganze Schöpfung feindlich gegenübersteht, dessen Wohl und dessen Sicherheit von überall her bedroht ist, dann ist dein Gemüt von täuschenden Vorstellungen bedrängt, so dass die Knie zu zittern anfangen und das Herz in Furcht versinkt. All dies geschieht nicht, wenn du über höchste Wahrheiten meditierst, z.B. „Ich bin das Selbst, das in den Herzen aller Geschöpfe wohnt", oder: „Gott ist der Faden, der alles Sein im Weltall verbindet."

Der gleiche Gott, der in dir wohnt, wohnt in allen, vom höchsten göttlichen Wesen, dem Schöpfer, bis zum kleinsten Geschöpf. Es existiert keine zweite Macht im Universum, die du zu fürchten brauchst. Es ist einzig und allein die Unwissenheit in Bezug auf diese Einheit, welche die Furcht hervorbringt. Die Furchtlosigkeit vernichtet die Unwissenheit und führt zur Verwirklichung der Einheit.

Im Zustand der Unwissenheit hast du Wünsche und aus der Unwissenheit wird die Angst geboren. Furcht und Wünsche sind unverkennbar miteinander verbunden. Die Furcht, das gewünschte Objekt nicht zu erhalten oder das gewünschte und erhaltene Objekt wieder zu verlieren, die Angst, mit dem Objekt zusammenzukommen, dessen Abwesenheit gewünscht wird, alle diese bilden die grundlegenden Furchtmomente. *Lord Krishna* nennt deshalb den Wunsch den größten Feind des Menschen.

Der Wunsch wird vernichtet durch das richtige Verständnis der Wahrheit, durch Unterscheidungsfähigkeit und Befreiung von Bindungen und Leidenschaften, durch Zufriedenheit und unermüdliche geistige Übungen. Wenn das Wünschen überwunden ist, wird der Mensch volle Gemütsruhe erlangen. Er wird nicht stolz und aufgebläht werden, wenn er das gewünschte Objekt erlangt, noch sich entmutigen lassen, wenn ihm etwas Unerwünschtes begegnet. Diese Einstellung zum Leben wird gewonnen, wenn der Mensch erkennt, dass hinter allem, was geschieht, eine göttliche Macht steht, und wenn er alle selbstsüchtigen Gedanken und Vorstellungen aufgibt. Dann wird er klar die Tatsache erfassen, dass der Meister, der Eigentümer des großen Hauses, das wir das Weltall nennen, Gott ist und dass Sein Wille erfüllt werden soll. In Tat und Wahrheit ist niemand dein Feind und niemand ist in Wirklichkeit bestrebt, dem anderen Leid zuzufügen.

Alle Geschöpfe sind dein eigenes Selbst, ob du dies erkennst oder nicht. Der gleiche Gott, der die Wirklichkeit deines Seins und Wesens ist, wohnt in allen.

Auf der anderen Seite ist der eigentliche Feind in dir selbst, und das ist das unreine Gemüt, das von Wünschen erfüllte Herz, die Quelle der Sympathien und Antipathien und des eingefleischten Egoismus. Wenn du Grund zum Fürchten hast, so ist es die teuflische Natur deines eigenen Gemüts. Wenn du von irgendetwas oder irgendjemandem davonlaufen möchtest, so laufe weg von dieser inneren bösen Seite deines eigenen Ich. Wenn du diesen inneren Feind besiegst, wirst du entdecken, dass du keinen äußeren Feind zu fürchten brauchst. Wenn du diesen inneren Feind überwältigst und ihm entfliehst, wirst du erleben, dass das zunehmende Gefühl der Einheit und des Einsseins dich zu allen Geschöpfen auf der Erde näher zieht und zugleich alle Wesen näher zu dir. Wenn die Furcht stirbt, wird die Liebe geboren, die dein innerstes Wesen ist. Denn die Liebe ist das Licht der Einheit und des Einsseins. Die Furcht ist in Wahrheit nicht ein Teil deines innersten Wesens, sondern die Folge von Unwissenheit; man fürchtet das Unbekannte. Wenn diese Unwissenheit durch ein richtiges Verständnis der Natur des Weltalls und des

Wesens Gottes entfernt ist, wird dir bewusst werden, dass die Angst gar keine Grundlage hat. In Tat und Wahrheit sind Ängste grundlos.

Nachdem die Furchtlosigkeit wieder zurückgewonnen ist, wirst du nicht nur die unschätzbare Perle der Gottesweisheit erlangen, sondern auch das lieblichste, köstlichste Lebenselixier, die Liebe!

Das Selbst, das in allen Geschöpfen wohnt, ist unzerstörbar. Es stirbt nicht mit dem Körper. Das gegenwärtige, dir scheinbar bewusste Leben ist nur ein dahinfliehender Augenblick im Schoß der Ewigkeit. Warum sich deswegen grämen oder beunruhigen? Das Leben, nicht der Tod gehört zu dir, denn du stirbst nie.

Es ist besser, den Moment zu ergreifen und das Beste daraus zu machen. Lebe weise, während das Leben vor dir liegt, weise und gut im Sinn der Rechtschaffenheit. Weihe dein Leben dem Augenblick. Aus dieser Vereinigung wird das ewige Leben hervorgehen. Denn deine Seele ist unsterblich; und wenn du jeden Moment Herz und Seele in dein Leben hineinlegst, wird auch dein Leben die Merkmale deiner Seele teilen. Wenn in der Freude und Befriedigung, welche dir die im rechten Sinn erfüllte Pflicht gewährt, Vergangenheit und Zukunft deinem Denken entschwinden, wird die Gegenwart zum ewigen Jetzt.

Beim Tod des physischen Körpers verlässt das Leben den Körper, um in einem anderen neuen zu wohnen. Das Leben kennt keinen Tod. Aus diesem Grund möchte der Mensch nicht sterben. Nicht einmal ungesunde Zustände will er in Kauf nehmen, die das Leben ernstlich stören. Aber der physische Körper, mit dem der Mensch verbunden ist, während er hier als Individuum lebt, ist auf diese oder jene Weise Krankheiten, Verfall und Tod unterworfen. Was auch die heutige Wissenschaft an Theorien aufstellen mag, die Grundursache von Leiden und Krankheiten bleibt unbekannt.

Der Mensch fürchtet die Krankheit. Als Gegenmittel zu dieser Furcht sollten wir uns deren Vergänglichkeit klarmachen und wissen, dass sie zu den negativen Kräften des Weltalls gehört, welche keine wirkliche Existenz aufweisen.

Das Leben ist ewig, der Tod jedoch nicht. Und das Leben schließt die Bedingung ein, die wir Gesundheit nennen, was nichts anderes heißt, als das Leben vollkommen zu leben. Krankheiten sind die unvermeidlichen Begleitumstände des aus den fünf Elementen zusammengesetzten Körpers; deshalb ertrage sie freudig. Sie sind vergänglich, sie gehen vorüber. Jugend, Lebenshöhe, Alter sind nur Zeitspannen, Perioden. Perioden aber sind dahinrollende Wogen im Meer der Ewigkeit. Die Ewigkeit ist dein innerstes Wesen, deshalb blicke mit unbekümmerter

Ruhe auf die vergänglichen Wellen der Kindheit, der Jugend, des reifen und des fortgeschrittenen Alters. Die Angst vor dem Wechsel wird schwinden, wenn du in der wechsellosen Unsterblichkeit deines innersten Wesens verankert bist.

Dasselbe Argument der vergänglichen Natur der irdischen Dinge und der Flüchtigkeit des irdischen Lebens beseitigt auch die Furcht des Menschen, seine Besitztümer zu verlieren. Wir sollten uns vergegenwärtigen, dass die Güter dieser Welt nicht nur vergänglich, sondern die Ursache von Schmerz und Elend sind. Der weise Mensch sollte sie meiden. Diese Art der Befreiung von Bindung ist das stärkste Gegenmittel zur Angst, Wohlstand und Besitz zu verlieren. Die Furcht vor Verlust kann vollständig durch die Aneignung jenes Schatzes ausgemerzt werden, der bewirkt – wenn er einmal gewonnen ist –, dass nichts anderes mehr eine Anziehungskraft auf uns ausübt. Dieser Schatz aller Schätze heißt *Atma-Jnana*, die Erkenntnis Gottes. Der geistig Strebende, der sie gewinnen möchte, wird freudig alles andere verlieren. Jeder Verlust wird zu einem wunderbaren Gewinn für ihn werden. Dieser Wechsel der ganzen Einstellung ist das beste Mittel gegen die Angst.

Ehre und Ansehen sind auch Köder, die schon viele Menschen gefangen und an das Rad der Wiedergeburten gekettet haben. Verehrung, Hochachtung, Anerkennung sind Illusionen und sie sind machtvoller sogar als die Täuschung der gröberen Sinnesfreuden. Die Furcht, das Ansehen zu verlieren, hat eine Fülle von Lastern hervorgebracht. Um Position und Ehre zu erhalten, schreckt der Mensch vor keinem Verbrechen zurück. Die Geschichte ist überreich an Beispielen von dämonischen Menschen, welche nicht zögerten, Millionen Leben zu opfern, um ihre Ehrenposition als Könige oder Kaiser zu behalten.

Die *Bhagavad-Gita* und andere heilige Schriften sagen dem Menschen, dass er außerhalb von sich selber keine Feinde hat. Er selbst ist, ganz wie er will, sein eigener Freund oder Feind. Deshalb existiert für den, der *Dharma*, Rechtschaffenheit, echte Pflichterfüllung ausübt, kein Feind in der ganzen Welt und er fürchtet nichts. Es ist der innere Feind, der besiegt werden muss. Der äußere Feind soll so zärtlich geliebt werden wie der liebste, teuerste Freund. Die Liebe, welche aus dieser Haltung der ganzen Schöpfung gegenüber geboren wird – als der Offenbarung des alldurchdringenden, allgegenwärtigen Herrn –, befähigt uns, intensiv für das Wohl der ganzen Menschheit zu leben, in jedem Augenblick unsere innerste ewige Seele hinzugeben und zugleich die Angst, die nicht zum eigenen Wesen gehört, zu ignorieren. Diese Liebe befähigt uns, Krankheit und Alter, welche vorübergehende Phasen sind, zu ertragen und beim Verlust von Wohlstand und Ehre unberührt zu bleiben. Denn diese sind Illusionen und unnötig für die glorreiche Mission des Lebens, die in liebevollem Dienst für die ganze Menschheit besteht und aus der Überzeugung lebt: „All dieses ist Gott selber."

Auf diese Weise wird völlige Furchtlosigkeit gewonnen und des Menschen Herz mit kosmischer Liebe erfüllt.

II. TEIL
Weitere Unterweisungen

1.
Schritte zum Überbewusstsein

Die geistigen Erfahrungen der verschiedenen Menschen sind in den Anfangsstufen ganz verschieden. Die letzte, höchste Stufe des Überbewusstseins dagegen ist bei allen Wahrheitssuchern dieselbe.

Erfahrungen auf den Vorstufen

Die Zeichen steter Fortschritte auf dem geistigen Pfad sind: immer größere Befreiung von weltlichen Bindungen, Selbstbeherrschung, Ausgeglichenheit und Leidenschaftslosigkeit, ständig zunehmende Unterscheidungsfähigkeit zwischen dem, was richtig, und dem, was Unrecht ist, die Kraft, seinen Idealen und Entschlüssen treu zu sein, wachsende Sehnsucht nach innerer Befreiung, Friede, Frohmut, Zufriedenheit, Furchtlosigkeit und ungetrübte Gemütsverfassung.

Der Fortschritt zeigt sich im Leuchtglanz der Augen, in der Strahlung des Gesichtsausdrucks, in der Mäßigung im Sprechen, Schlafen und Essen, in der

Gemüts- und Sinnenbeherrschung, in der Selbstlosigkeit, im Vermeiden von jeder Art von Kränkung durch Gedanken, Worte und Taten, in Weisheit und Bindungslosigkeit, im Nichtvorhandensein von Trägheit und Depression, in der Frische des Gemüts, in weitherziger Einstellung, im strikten Festhalten am geistigen Weg und an der Wahrheit, im tiefen Verlangen, lange zu meditieren, und im völligen Fehlen jeder Art von Weltlichkeit.

Es entsteht ein Widerwille gegen weltliche Gesellschaft, weil dies als nutzloser Zeitverlust empfunden wird. Doch ist Liebe da für alle Wesen und das wachsende Gefühl und Bewusstsein, dass Gott in allen Erscheinungsformen anwesend ist. Gegen gar niemanden besteht eine Abneigung, auch nicht gegenüber denen, die uns verachten oder beleidigen. Die starke, reine Gemütskraft bewährt sich auch in Augenblicken der Gefahr sowie in Elend und Trübsal.

Visionen während der Meditation

Während der Meditation sehen manche geistig Suchende verschiedene Arten von Licht: weiße oder farbige Lichter, oft der Sonne, dem Mond oder den Sternen ähnlich. Andere erhalten angenehme Duft- oder Geschmackseindrücke, hören Glockengeläute und andere Musik. Wieder andere erleben Visionen Gottes in menschlicher Form. Sie können ihren Meister, Weise oder Heilige sehen.

Solche Visionen können häufig, anhaltend oder selten sein. Ihre Art hängt von der Beschaffenheit des Unterbewusstseins ab. Es gibt geistige Anwärter, welche gar keine Visionen haben, dafür aber auf dem geistigen Pfad vorwärtskommen. Durch die Konzentration bei der Meditation kann ein Druck auf die Netzhaut entstehen, der auch Visionen hervorruft. Ein sehr gefühlsbetonter Sucher mit einer lebhaften Phantasie kann verschiedene Visionen erleben. Diese dürfen jedoch keineswegs überschätzt werden, denn im Grunde haben sie alle keinen Wert in Bezug auf den geistigen Fortschritt. Man kann Visionen haben und dabei völlig weltlich gesinnt, also materiell orientiert sein.

Die einzig sicheren Beweise geistigen Fortschritts sind: das Wesen des Charakters, das innere Gleichgewicht, die Reinheit des Herzens, die Freiheit vom Besitzgefühl – d.h. die geistige Besitzlosigkeit – und die Hingabe an das geistige Leben. Tiefe geistige Erlebnisse haben nichts mit Überschwänglichkeit zu tun. Sie bringen innere stille Freude, Frieden und Harmonie hervor. Es herrscht ungetrübtes Gleichgewicht in Zeiten des Erfolgs wie des Misserfolgs, in Freude und Leid, bei Ehrbezeugungen und beim Gegenteil. Weder Anziehung noch Abneigung sollten einen geistig Strebenden beherrschen. Kosmische Liebe sollte ihn erfüllen. Durch die Befreiung von allen Ängsten wird die ganze Welt für ihn zur Offenbarung Gottes. Dies ist der Prüfstein hoher geistiger Erfahrungen.

Kosmisches Bewusstsein

Der Zustand des kosmischen Bewusstseins lässt sich nicht beschreiben. Er bedeutet Ehrfurcht, heilige Scheu, höchste Freude und reine, lautere Glückseligkeit.

Das kosmische Bewusstsein liegt noch unterhalb des absoluten Bewusstseins, in welchem der Sehende, das zu Schauende und der Vorgang des Schauens eins werden, oder anders ausgedrückt: in welchem der Wissende und das Wissen selbst sich verschmelzen in der einen untrennbaren Wirklichkeit, in welche sie übergehen.

Beim kosmischen Bewusstsein existieren noch der Seher oder Beobachter und das Geschaute; die individuelle Seele empfindet sich als einen Teil des Weltalls. Im absoluten Bewusstsein jedoch besteht kein Teil mehr, sondern nur die Eine Höchste Wirklichkeit.

Der kosmisch Bewusste erkennt die Einheit des Lebens vollständig. Der Yogi empfindet und weiß, dass das Universum von einem einzigen Leben erfüllt ist, das sich jedoch in verschiedenen Formen oder Erscheinungen bezeugt. Er weiß, dass sogar scheinbar leblose Objekte ein im Innersten liegendes vibrierendes Bewusstsein besitzen, dass es nichts Derartiges gibt wie eine blinde Kraft oder tote Materie. Das „himmlische Auge" lässt ihn unbeschreibliche Seligkeit erleben. Er empfindet tatsächlich, dass alles zugleich er ist, dass Schlangen, Skorpione, Tiger Teile von ihm selber sind, geradeso wie seine eigenen Augen, die Nase, Hände und Füße.

Er ist eins mit dem Äther, den Blumen, der Sonne, dem Meer und dem Himmel. Er spürt das Lebenselixier, den „Nektar", das heißt den Trank oder Honig der Unsterblichkeit, der in seinen Adern fließt. Für ihn ist das ganze Weltall in ein Meer von allumfassender Liebe eingetaucht.

Es bleibt ihm noch ein kleiner Rest von individuellem Bewusstsein, das ihm ermöglicht, menschlich zu sehen und zu verstehen. Dieses entschwindet beim Verschmelzen mit der höchsten Wirklichkeit in dem Augenblick, in dem die individuelle Seele den Körper verlässt.

Überbewusstsein

Der *Samadhi*-Zustand ist nichts als Glückseligkeit, Freude und Friede. Im höchsten, im *Nirvikalpa-*

Zustand, hört jede mentale, gedankliche Tätigkeit auf. Es besteht kein Unterschied mehr zwischen Subjekt und Objekt.

Es gibt verschiedene Stufen von *Samadhi:* mit und ohne Veränderungen und Einschränkungen, mit und ohne Individualität; mit Merkmalen der Reinheit und Harmonie, aber zuweilen mit Anfechtungen verbunden – vom Niederen zum Höheren und Höchsten aufsteigend.

Samadhi hat nichts zu tun mit gefühlsbetonter Begeisterung oder heiterem Gemütsempfinden. Es ist die unmittelbare, direkteste, einzigartige, intuitive Erfahrung geistigen Bewusstseins. Es handelt sich nicht um ein Erlebnis, das mit ein wenig Übungspraxis erreicht werden kann. Um *Samadhi* zu erlangen, muss man in der Reinheit verankert sein und in der Meditation hohe Fortschritte erzielt haben. Betäubung oder Starrheit (kataleptische Zustände) sind nicht *Samadhi.* Passivität ist auch nicht *Samadhi.* Es handelt sich um ein absolut positives Gewahrwerden.

Samadhi erreicht nur, wer eine tief geläuterte Seele hat. Das Gemüt muss vollständig diszipliniert und beherrscht sein. Nur ein heiliges Gefäß darf das herniedersteigende göttliche Licht empfangen. Die Vernichtung des niederen mentalen Egos muss stattgefunden haben. Es bedarf der Immunität gegenüber allen menschlichen Wünschen, selbst gegenüber dem Wunsch nach geistigem Heldenmut. Beim Erlangen des Überbewusstseins schrumpft das gesamte menschliche Wissen – die humanen und alle übrigen Wissenschaften – zur Bedeutungslosigkeit zusammen.

Es ist meine feste Überzeugung, dass selbstloses Dienen die größte und erhabenste Kraft des Menschen ist, das Mittel und der Weg zu hohen Ebenen der Entwicklung. Dienen begünstigt eine integrale, ganzheitliche Charakterbildung. Es macht stark und tapfer und ruft spontanes geistiges Erwachen hervor. Uneigennütziger Dienst ist der wesentlichste Faktor in der körperlichen, moralischen und geistigen Regeneration der heutigen Jugend.

Die Praxis des *Karma-Yoga* (Weg der Pflichterfüllung) ist zur Förderung wichtiger Tugenden höchst notwendig. Nur durch Dienen können überhaupt Tugenden entwickelt werden.

Ohne den Besitz der grundlegenden Tugenden des menschlichen Charakters besteht nicht die geringste Aussicht für die Gottverwirklichung, selbst wenn das *vedantische* Empfinden für die Einheit da ist. Nur auf dem Weg des *Karma-Yoga*, durch uneigennütziges Dienen, entwickeln sich Toleranz, Weitherzigkeit, Gleichmut, Güte, Barmherzigkeit, Kameradschaft, Anpassungsfähigkeit, Demut, Herzenswärme und Großzügigkeit. Der rohe Diamant muss geschliffen und poliert werden, bevor seine Leuchtkraft zur Wirkung kommt. Genauso braucht der ungeschliffene geistige Anwärter fortwährendes Reiben, Schleifen und Polieren durch ein dienendes Leben und den Kontakt mit Menschen verschiedener Temperamente und Charaktere.

Wenn der Dienende es fertigbringt, trotz Schwierigkeiten das innere Gleichgewicht und den Humor nicht zu verlieren, inmitten aufreibender Umstände freundlich und dienstfertig zu bleiben, wenn er auch im Lärm und Getriebe einer Großstadt die Gemütsruhe und Gedankenkonzentration bewahrt – dann zeigt dies deutlich, dass er über die äußeren Verhältnisse hinausgewachsen und für die geistige Erleuchtung bereit ist.

Freudige Dienstbereitschaft

Wenn wir mit geschlossenen Augen in einem nach außen verriegelten Zimmer sitzen, während sich draußen Menschen in Todesangst oder Not befinden, so ist das keine geistige Übung[17]. Selbstsucht und *Sadhana* gehen nie zusammen.

Der geistig Strebende muss seine eigenen Interessen denjenigen der anderen unterordnen. Wer einem in Not befindlichen Hilflosen beisteht, tut mehr

---

[17] *Sadhana*

Sadhana und Besseres als der Mensch, welcher Meditation, *Asanas* (*Hatha-Yoga*) und Atemübungen durchführt. Wenn jemand notleidenden Menschen eine Stunde lang dient, gilt dies so viel wie sechs Stunden Meditation.

Nie fehlt es an Gelegenheiten zum Dienen. Ein barmherziger Arzt, der – ohne Honorar – einen armen hilflosen Patienten um Mitternacht aufsucht, ist ein besserer Yogi als ein *Dhyana-Yogi*[18], der auf der Straße ruhig weitergeht, wenn er einen Armen in halb verhungertem sterbendem Zustand sieht, ohne sich um ihn zu kümmern, ohne zu fragen: „Bruder, was benötigst Du? Kann ich dir in irgendeiner Weise helfen?"

Ein echter *Karma-Yogi* kommt automatisch zur Meditation, auch fällt es ihm nicht schwer, die *Upanishaden* zu verstehen. Durch die Gnade Gottes schöpft er alle Kenntnis aus dem Wissensgrund des eigenen Innersten.

Bloßes Dienen wiederum ist auch nicht genügend. Ein *Karma-Yogi* sollte in der Morgenfrühe einige Zeit für *Mantra*-Übungen[19], *Kirtan*[20], Meditation und das Studium religiöser Schriften erübrigen; auch einige *Asanas* sollten hinzukommen. Während der Arbeit sollte er leise den Namen Gottes wiederholen.

---

[18] einer, der die Meditation pflegt
[19] *Mantra:* heiliges Wort oder Spruch, Name Gottes
[20] *Kirtan:* Lobhymne, heiliges Wort als Lied

Der selbstlos Dienende hat unter Umständen mit Ärger und Enttäuschungen zu tun. Dann soll er seine Arbeit unerschrocken fortsetzen, nicht wanken oder in seiner Hingabe an die Pflicht irre werden. Dank seiner Aufrichtigkeit werden sich alle Hindernisse in Hilfskräfte verwandeln, denn der Herr wird ihm auf geheimnisvolle Art in seiner Arbeit beistehen. Dies ist unterschiedslos immer wieder die Erfahrung aller selbstlosen Helfer. Lass also Mut und Gottvertrauen jederzeit deine Losung sein!

Mittel und Wege zur Selbstverwirklichung

Karma-Yoga ist ein sicherer Weg zur Entwicklung der Hingabe an den Herrn und zur *vedantischen* Erfahrung der Einheit. Ohne *Karma-Yoga*, d.h. ohne selbstlosen Dienst, besteht nicht die geringste Aussicht – selbst mit Hilfe jahrelanger Bemühungen –, auf den *Bhakti-* oder *Jnana-Yoga*-Weg zu gelangen.[21]

Dienen ist durch Taten bezeugte Liebe. Echte, wahre Liebe drückt sich nicht durch Worte, sondern durch Dienen aus. Die Erkenntnis der Einheit des Lebens wird dadurch erfahren, dass wir dem

---

[21] *Bhakti-Yoga:* der Pfad der Hingabe und Liebe für Gott
Jnana-Yoga: der Weg der Erkenntnis

Selbst in allem dienen. Aus der Pflanze des *Karma-Yoga* sprießen die Blüten des *Bhakti-* und des *Jnana-Yoga*.

Für den heutigen Menschen ist *Karma-Yoga* der beste Weg. Er macht ihn fähig, rasch die Gottverwirklichung zu erlangen. König Janaka war ein dynamischer *Karma-Yogi*. Mahatma Gandhi hat durch *Karma-Yoga* seine hohe geistige Stufe erreicht. Im täglichen Pflichtenkreis bieten sich reiche Gelegenheiten zu innerer Reinigung und Erhebung. Sogar im Familienleben ist *Karma-Yoga* ein wesentliches Erfordernis. Wenn alle egoistisch wären, gäbe es keinen Frieden im Heim. Starke Bindung durch Anhänglichkeit führt zum Besitzgefühl über einen Menschen. Dies ist ein selbstsüchtiger Zug, die Verneinung wahrer echter Liebe. Anpassungsfähigkeit, gutes Einvernehmen und Verständnis sowie etwas Selbstverleugnung und willige Zusammenarbeit sind die Mittel und Wege, um den Frieden des Hauses zu fördern und zu erhalten.

All dies ist die Frucht von *Karma-Yoga*. Das Ideal, das hohe Ziel ist Pflicht um der Pflicht willen, ohne einen Gedanken an Anerkennung oder Belohnung, wie dies im weltlichen Leben Trumpf ist; leben und wirken, ohne durch zügellose, selbstsüchtige Zu- oder Abneigung gebunden zu sein. Alle Handlungen werden als Zeichen der Verehrung gegenüber dem Höchsten von seiten Seines Werkzeugs angesehen.

Heil sei allen selbstlosen Dienern des Herrn! Mögen sich alle der Glückseligkeit erfreuen durch Dienen und Singen des Namens Gottes!

2.
Der geistige Schatz

Gott, das Absolute, ist Anfang und Ende, der Erste und Letzte, allein, ohne ein Zweites.

Er ist der alldurchdringende, alles überschreitende Geist, die Ur-Wirklichkeit, die Quelle und der Grund aller Wesen.

Er ist alles. Er ist überall. Er ist ewig. Er ist die Seele von allem.

Das reine Bewusstsein, frei von allen Gedanken und Veränderungen in der Gedankensubstanz, ist Gott oder das Selbst.

Gott oder das Absolute ist jenseits der *Maya*, der Täuschung durch die Vorstellung der Dualität, durch zwei Faktoren oder Gegenpole – jenseits von Wissen und Unwissenheit.

Gott ist die höchste Vollkommenheit, frei von den Begriffen der Zeit und des Raums, frei von Ursache und Wirkung, frei von jeder Verschiedenheit.

Er ist die Essenz, das Allerinnerste von Sein, Bewusstsein und Glückseligkeit. Er ist rein und frei von jeder Bindung, jenseits vom Fühlen, Denken und Wollen des Gemüts.

Er ist die einzige Wirklichkeit als Wahrheit, Weisheit, Unendlichkeit, Glückseligkeit oder wie wir Gott auch nennen mögen. Außerhalb von Ihm existieren nur Erscheinungsformen.

OM ist identisch mit Gott.

OM ist die ursächliche Ursache der Glückseligkeit.

OM ist transzendentales, jenseitiges Bewusstsein. Das Höchste ist unteilbar. Nichts kann hinzugefügt, nichts weggenommen werden. Die Wirklichkeit ist jedoch nicht unvereinbar mit der Welt und deren Erscheinungen.

Sogar die Unwissenheit in Bezug auf die Wirklichkeit entspringt der Wirklichkeit, weshalb nichts als die Wirklichkeit existiert.

Gott als das Absolute ist die letzte endgültige Wirklichkeit, die Wahrheit.

Diese Wahrheit ist der Weg und das Ziel, das höchste Ziel der Menschheit. Die Wahrheit ist Eine und unteilbar, doch führen viele Wege zu ihr.

Sie hat viele Seiten: Schönheit und Güte sind eins mit der Wahrheit.

In ihr gibt es weder Geburt noch Tod. Alle Dinge, alle Objekte und Themen, alle Zwecke und Ziele menschlicher Belehrungen sind bloße Wortspiele oder Töne.

Die Unendlichkeit, die innerlich und äußerlich ist, erscheint als diese Welt innerhalb von Raum und Zeit.

Die ewige Wirklichkeit ist gleichsam eine Menge, eine Fülle, ein Reichtum von Bewusstsein.

Sie ist die nicht erkennbare, nicht zu erforschende Essenz allen Wissens. Sie ist absoluter, unveränderlicher Friede.

Die Fülle stammt aus der Fülle. Die Fülle leuchtet mitten in der Fülle. Nur Fülle allein bleibt, wenn Fülle aus dieser Fülle herausgenommen wird.

Das innerste Selbst im Menschen ist seinem Wesen nach Gott selbst, nichts anderes. Gott ist das allen innewohnende Selbst.

Es ist unsterblich, absolute Intelligenz, ohne Ursache, ohne Geburt, alldurchdringend, unzerstörbar, unveränderlich.

Atman, das göttliche Selbst, ist unzerstörbar, ohne ein Außen oder Innen, wie ein Stück Zucker, das ausschließlich aus Zucker besteht. Das Selbst ist eins, eine Einheit und doch zu allen Dingen geworden.

Atman ist frei von Unreinheit, Schmerz und Sorge. Das göttliche Selbst handelt nicht und macht keine Erfahrungen. Es kann auch nie das Objekt einer Erfahrung werden.

Das, wodurch der *Jiva*, die individuelle Seele, das Selbst erfährt oder erlebt, ist das Bewusstsein[22].

---

[22] *Prajnana*

So wie der Fluss endlich im Meer seine Ruhestatt findet, findet der Mensch, die einzelne individuelle Seele, ihre Ruhestatt im Höchsten Selbst, im Unendlichen, Grenzenlosen.

Dieses immer vollkommene Selbst offenbart sich in dem Augenblick, in dem man die richtigen Kenntnisse, das richtige Wissen hat.

Das göttliche Selbst ist für seine Offenbarung nicht von Zeit, Ort oder von irgendeinem äußeren Läuterungsprozess abhängig.

Das Wesen Gottes oder des ewigen Selbst ist reines Bewusstsein. Durch die Kenntnis dieses reinen Bewusstseins vollzieht sich die unmittelbare Errettung.

Atman, die Höchste Seele, ist der verborgene Schatz im Innern deines Herzens. Blicke nach innen. Meditiere und empfange diesen Schatz aller Schätze. Das Höchste Selbst ist frei von Alter und Tod, von Hunger und Durst und frei von Wünschen. Erkenne Es, finde Es und werde frei!

Das Unendliche als Erscheinungswelt

Geradeso wie Lehm die eigentliche Substanz und Materie all der verschiedenen Gefäße und Töpfe bildet, ist nur Gott oder die Realität das wahre Wesen der Welt. Gott ist die Wahrheit der Wahrheit. Wenn du die Dinge oder Objekte dieser Welt als wirklich, als wahr betrachtest, geschieht dies nur deshalb, weil jene Wahrheit, welche die eigentliche Wirklichkeit darstellt, dahinter liegt. Das ganze Weltall ist also – seinem innersten Wesen nach – nur der Unendliche, *Brahman*, Gott.

Gott ist die Essenz, das innerste Sein des Menschen wie auch des Weltalls. Gott wohnt in allen Dingen und Er umfasst alle Dinge. Er leuchtet aus sich selbst heraus. Alle Dinge werden sichtbar durch Sein Licht.

Die Ursache der Materie, der Energie, des Lebens, des Gemüts und der Intelligenz ist Gott, das Absolute.

Der Verstand, der Intellekt ist Gott sehr nahe und spiegelt das Wesen, die Eigenschaften der göttlichen Intelligenz wider, geradeso wie eine erhitzte glühende Eisenkugel die brennenden und leuchtenden Eigenschaften des Feuers zeigt.

Die göttliche Intelligenz bildet immer die Voraussetzung des Intellekts. Ohne die Hilfe von *Atman*, der Höchsten Seele, kann der Intellekt überhaupt nicht arbeiten.

Der Atem ist ein Teil Gottes. Der Gesichtssinn, die Sehfähigkeit, ist auch ein Teil von *Brahman*. Das Gehör ist ein Bestandteil Gottes. Das Gemüt, *Manas*, ist ebenfalls ein Teil von Ihm. Erde, Nahrung, Feuer und Sonne sind Formen Gottes, ebenso Osten, Westen,

Norden und Süden, der Himmel, die höheren Welten und das Meer.

Der Himmel ist der Herz-Lotos, das Herz-Zentrum, in welchem *Brahman* wohnt. Gott ist Seligkeit. Dieses Leben ist Gott. Erkenne diesen Gott, o Mensch! Dann wirst du frei und auf immer glücklich sein.

Der Pfad des Wissens

Das göttliche Wissen ist einzig in seiner Art, weil es uns für immer vom Elend der Wiederverkörperungen, von Geburt und Tod befreien wird. Die Erkenntnis Gottes oder das Wissen vom göttlichen Sein nimmt die Unwissenheit und Blindheit weg und verbrennt alles ich-betonte Handeln. Es ist ein Zustand ohne Gedanken, Wille und Wünsche.

Das, was wissenswert ist, betrifft das Höchste Absolute, jenseits von Schmerz und Freude, von Gut und Böse.

Wenn wir Gott, die Wirklichkeit kennen, wissen wir alles. Wer das göttliche Selbst verwirklicht, gewinnt die Welt und erreicht die Erfüllung aller Wünsche. Das Feuer der Gotterkenntnis verbrennt Verdienste und Unwürdigkeit, Lob und Tadel.

Wenn du im eigenen Heim bleibst, bist du überall. Dieses Heim ist dein Herz, das geistige Zentrum des Weltalls.

Es gibt keinen ärgeren Feind als den Egoismus und keinen besseren Freund als die Gotterkenntnis oder das Wissen vom Selbst.

Bei der Selbstverwirklichung handelt es sich nicht um das Erringen von etwas, sondern um die Entdeckung des göttlichen Selbst im eigenen Herzen. Geradeso wie Milch mit Milch, Öl mit Öl und Wasser mit Wasser durch Zusammengießen zu einer Flüssigkeit werden, so wird der, der das göttliche Selbst erkennt, eins mit dem Höchsten, mit Gott.

Der ist fest gegründet in der Weisheit, der durch nichts in seinem Gleichgewicht gestört wird, der in Untätigkeit und tiefer Feierlichkeit verharrt und unergründlich ist wie das wellenlose Meer.

Der ist ein Weiser, der sogar ein Atom als etwas von Gott nicht Verschiedenes ansieht.

Erfasse und verwirkliche die Einheit des Lebens und die Nicht-Dualität des Geistes, Gottes! Werde wunschlos, werde ich-los. Erreiche Gotterkenntnis. Dann wirst du keine Probleme mehr haben.

Die verschleiernde Macht *Avidya* ist die Unkenntnis von unserer wirklichen göttlichen Natur; wir wissen nicht, dass wir in Wirklichkeit das Höchste Selbst sind. Diese Unwissenheit bewirkt, dass wir das Selbst mit dem vergänglichen Körper identifizieren und uns dadurch den Leiden und der Wiederverkörperung ausliefern. Der ganze Begriff der Verschiedenheit rührt von der Unwissenheit her. Diese Unwissenheit existiert aber nicht in dir, denn du bist absolutes Bewusstsein.

Die Befreiung von dieser Unwissenheit und von den Widerständen im Herzen ist *Moksha*, die wirkliche Befreiung, gegründet auf richtiges Verständnis, auf das Einswerden der Seele mit dem innewohnenden alldurchdringenden Bewusstsein, das zur Glückseligkeit führt.

Die Bindung, die Knechtschaft liegt in dem Glauben: „Ich bin der Körper"; die Befreiung ruht in der Überzeugung: „Ich bin *Brahman*, Gott." Dadurch löst sich das Ego, das kleine persönliche Ich, im Absoluten auf und du wirst vollkommen furchtlos.

Wenn die Vorstellung der Bindungen und Verkettung aller Art nicht etwas Darübergelegtes, etwas Aufgedrücktes und Konstruiertes wäre, könnte sie überhaupt nicht entfernt und vernichtet werden. Wenn die Unwissenheit beim Heraufdämmern der Erkenntnis weicht, dann deshalb, weil sie keine Existenz, keine wirkliche Grundlage hat. Sobald die Unwissenheit ausgemerzt ist, geht das ganze objektive Weltall in Gott, im Absoluten auf. Wenn die Wahrheit verwirklicht ist, sieht man nur noch den Einen überall.

Genauso wie nach dem Zerbrechen eines Krugs der Raum innerhalb dieses Krugs als der ursprüngliche große Raum weiterbesteht, so existiert die individuelle Seele nach dem Zerbrechen ihrer Behausung weiter als ewige Unendlichkeit.

Vedantische Übungen[23]

Ein scharfer Verstand ist notwendig für die Erkenntnis der Wahrheit sowie für deren Analyse und Anwendung.

Wenn der geistige Sucher rein genug ist, dann steigt Gottes Gnade auf ihn herab und verwandelt sich in *Vichara Shakti*, in die geistige Kraft für die Erforschung Gottes.

Wer Glaube und Ehrfurcht in sich trägt, sinnt über die ewige Wahrheit nach. Das göttliche Selbst wird nicht erkannt, weil es von einer dicken Schicht von Wünschen überdeckt ist. Diese Kruste muss zuerst im Stromwasser der Gemütskontrolle eingeweicht und nachher sorgfältig mit dem scharfen Messer der Prüfung und Meditation abgeschabt werden.

Entledige dich des Nicht-Selbst, des persönlichen Ich mit Hilfe tiefer geistiger Erforschung. Konzentriere dich im göttlichen Innersten und erlebe die Befreiung!

Diese Gotterfahrung wird aber nur denen zuteil, welche ein reines Leben führen. Nur in einem gerei-

---

[23] Übungen zur Selbstverwirklichung

nigten Gemüt und in einem erleuchteten Bewusstsein wird *Atman*, das Höchste Selbst, als Wirklichkeit erfahren.

Übe deshalb strenge Disziplin gegenüber dem Gemüt, läutere es und konzentriere es auf den Einen, Höchsten. Unterscheidungsfähigkeit, Freiheit von Bindungen und Leidenschaft, Verzicht sowie Meditation werden zu deiner Befreiung führen.

Denke gründlich und tief. Frage dich: „Wer bin ich?" Gib die Bindung an Menschen und Dinge auf. Mache Atemübungen. Ziehe die Sinne, mit denen wahres Wissen nicht erlangt werden kann, von der Außenwelt ab; unterscheide das Wirkliche vom Unwirklichen und werde dir deiner Einheit mit dem Höchsten bewusst!

Eine rein intellektuelle Philosophie kann die Wirklichkeit nie entdecken. Dies ist einzig möglich durch die Intuition. Letztere steigt siegreich aus der Asche des verbrannten Gemüts und Intellekts empor.

Der Verstand ist nur eine Dienerin der höheren Intuition, dazu bestimmt, die Wahrheit und den Wert der Intuition zu verkünden. Er führt nicht selber zur letzten Wahrheit. Die durch tiefe Meditation erreichte Intuition ist der einzig richtige Weg zur Kenntnis des göttlichen Selbst.

Auch die *Upanishaden* helfen dir dabei. Verlasse dich auf sie, denn *Veden* und *Upanishaden* sind einer unpersönlichen Quelle entsprungen und haben als Ziel die geistige Befreiung.

Zuerst musst du die Sinne von den Gegenständen abziehen und dann das Gemüt von den Sinnen lösen. Zieh dich in dein innerstes Zentrum, *Atman*, zurück und bleibe dort.

Verstand und Glaube sollten Hand in Hand gehen, um so die Geburt der Weisheit vorzubereiten.

Unterwirf die Sinne. Meditiere. Werde frei! Gehe über die drei Körper (den physischen, den Gefühls- und den Mentalkörper) hinaus und vereine die individuelle Seele mit der Höchsten Seele, Gott, *Brahman*. Meditiere ohne Unterlass über das Allerinnerste!

Meditiere:
„Ich bin ungeteilt."
„Ich bin Unendlichkeit."
„Ich bin die Fülle ohne ein Zweites."

Du wirst den Zustand einer befreiten Seele erlangen. Absolutes Bewusstsein ist die Frucht der Selbstdisziplin sowie der Verneinung der Subjekt-Objekt-Beziehung.

Gott ist das höchste Licht. Du bist das höchste Licht. Also suche dieses höchste Licht mit unablässigem Bemühen.

In diesem Licht höchsten Bewusstseins erscheint die Welt als Traum.

Wenn das Herz rein ist, alle Bindungen sich lösen und die Befreiung einsetzt, bleibt das fortwährende Sich-Erinnern an Gott. Dies schließt ewige Seligkeit und dauernden Frieden ein.

Wer so die Schleier abgeworfen, alle Wünsche und allen Ehrgeiz überwunden hat und von der höchsten unsterblichen Essenz erfüllt ist, leuchtet als Höchster Gott mit göttlichem Glanz und Glorienschein.

Wenn das Denken aufhört, wenn die Gedankenwellen nachlassen und sich legen, wenn der Zustand weder dem Schlaf noch einer Ohnmacht vergleichbar ist, wenn man sich als reines Bewusstsein erlebt, dann wird die Erfahrung des Höchsten zur Wirklichkeit. Dann ist die Grenze überschritten und die Nacht wird zum Tag, weil Gott, das Absolute, selbst das Licht ist.

Die geistigen Sucher auf dem Weg zur endgültigen Glückseligkeit befinden sich auf den drei ersten Stufen des Wissens[24].

Die höchste Stufe wird *Turiya*, der Zustand des *Jivanmukta*, des Befreiten, genannt, obschon auch die vorhergehenden Stufen Befreiung in sich schließen.

Der *Videhamukta* überschreitet noch diese höchste Stufe und kann nicht beschrieben werden; er hat weder Körper noch Gemüt.

---

[24] *Bhumikas*

Beim *Jivanmukta* oder Befreiten geht es nie um ein zu erreichendes Ziel, sondern um eine Entdeckung im eigenen Herzen.

3.
Hinweise zur Meditation

Friede, Anpassungsfähigkeit und die Befreiung von Trieben und Wunschgebundenheit werden uns geschenkt werden, wenn wir innerlich so andauernd und eng wie möglich durch Gebet, ein heiliges Wort, ein *Mantra* mit Gott verbunden sind.

Vergeistige dein Tun und Handeln. Biete es dem Herrn dar. Dann verwandelt sich alles in Yoga und Meditation. Dann besteht kein Grund zur Klage mehr: „Heute habe ich meine Meditation nicht eingehalten." Sobald das persönliche Ich ausgeschaltet ist, ist Befreiung erlangt. Macht sich jedoch das Ich geltend, dann bestehen Bindung und Versklavung. Wenn das Gemüt, unser mentales Ich, an Dingen hängt, befinden wir uns in Abhängigkeit. Ist es jedoch mit gar nichts Sichtbarem und Greifbarem mehr verkettet, bedeutet dies Befreitsein, Erlösung.

Mögest du diesen Zustand erreichen!

Dafür brauchen wir Stille. Alle Erregungen, Leidenschaften und heftigen Impulse müssen wir hinter uns lassen. Die Sinne müssen beherrscht oder ausgeschaltet werden. All unsere Empfindungen, Gedanken, Wünsche, Vorstellungen und Willensregungen werden von der äußeren Sinnenwelt abgelöst und im eigenen Innern konzentriert. Jetzt ist das Gemüt ruhig, gesammelt, rein, ausgeglichen.

Betrachte mit Hilfe des nun vorbereiteten, disziplinierten Gemüts das Eine Unendliche Selbst. Befasse dich mit Ihm, vertiefe dich darin. Denke an nichts anderes. Gestatte keinem weltlichen Gedanken, ins Gemüt einzudringen. Erlaube dem Gemüt nicht, an irgendeinen körperlichen oder gedanklichen Genuss oder an ein irdisches Vergnügen zu denken. Sollte es sich trotzdem dazu verleiten lassen, so versetze ihm tüchtige Hammerschläge. Daraufhin wird es sich Gott zuwenden.

Geradeso wie der Ganges unablässig dem Meer zustrebt, so sollten die Gedanken unaufhörlich dem Herrn zuströmen. So wie Öl, wenn es von einem Gefäß in ein anderes gegossen wird, glatt und ununterbrochen weiterfließt, so wie ein harmonisches Glockengeläute als fortdauernder Ton unsere Ohren berührt, so sollte auch unser Gemüt wie eine immerwährend Welle Gott zufließen.

Bevor du die Meditation beginnst, solltest du ein gedankliches Bild von Gott in konkreter oder abstrakter Form bereit haben. Bist du Anfänger im Meditieren, so beginne damit, während zehn Minuten heilige Worte zu wiederholen oder Liedverse zu singen. Dadurch reinigst und erhebst du das Gemüt. Auf diese Weise lässt es sich dann leicht von äußeren, irdischen Dingen wegziehen. Löse dich nachher von dieser Art von Gedanken und Eindrücken und konzentriere das mentale Ich auf einen einzigen Gedanken. Dies benötigt wiederholte und starke Anstrengung. Anfänglich ist dies recht schwer. Später jedoch, wenn du stärker und stärker wirst und an innerer Reinheit zunimmst, wird die Verbindung mit Gott leicht. Dann wirst du das Glück, die Freude des Einsseins mit Gott erleben. Und Er wird dich mit Kraft erfüllen. Wenn nach und nach alle früheren negativen Eindrücke und Assoziationen schwächer und schließlich wirkungslos werden und das Gemüt eindeutig auf das Höchste eingestellt bleibt, wird die innere Kraft beständig zunehmen.

Am Anfang fallen die Meditierenden immer wieder in ihre gewohnten, althergebrachten Gedankengeleise zurück und müssen ihr Gemüt wieder und wieder daraus zurückziehen, es erheben und von neuem auf Gott einstellen. Später wird die Meditation immer geschlossener und tiefer und die göttliche Gegenwart wird mehr und mehr erfahren. Allmählich wird die Meditation zur Gewohnheit und zum ständigen Bedürfnis.

Reinheit, Leidenschaftslosigkeit und die Befreiung von Bindungen schüren das Feuer der Meditation. Wenn du meditierst, merke dir, wie lange du alle weltlichen Gedanken ausschalten kannst. Werde zum genauen Beobachter deines Innern. Wenn es dir gelingt, dich 20 Minuten streng zu konzentrieren, verlängere die Zeit auf 30 Minuten, später auf 40 Minuten usw. Erfülle dein Gemüt immer von neuem mit dem Gedanken an Gott. Vertreibe die fremden, äußeren, irdischen Gedanken mit ruhiger und sanfter Beharrlichkeit.

Versuche die Einstellung auf Gott beizubehalten, indem du innerlich das Mantra *OM* oder *Aham Brahmasmi*[25] wiederholst.

Die Idee der Unendlichkeit, der Eindruck eines ganzen Meeres von Licht, das Bewusstsein der göttlichen Allwissenheit und Glückseligkeit sollten die gedankliche Wiederholung der mystischen Silbe *OM* begleiten.

Wenn du ein Zimmer fegst, das während sechs Monaten geschlossen war, kommen verschiedene Arten von Staub und Schmutz aus den Ecken des betreffenden Raums. Gleicherweise kommen während der Meditation unter dem Druck des Yoga durch die Gnade Gottes verschiedene Arten von Unreinheiten an die Oberfläche des Gemüts. Entferne sie tapfer, eine nach der anderen, durch geeignete Methoden und durch Konzentration auf die entgegengesetzte Tugend. Lass es nicht an Geduld und fortgesetzten Bemühungen fehlen. Die alten schlechten Eindrücke rächen sich nämlich, wenn man versucht, sie auszulöschen. Fürchte dich nicht! Nach einiger Zeit verlie-

---

[25] Ich bin *Brahman*.

ren sie ihre Kraft. Aber ebenso wie man einen wilden Elefanten oder Tiger zähmt, muss das Gemüt gebändigt werden. Lass keine schlechten Gedanken in dich hinein, die dem Mentalorgan hernach als Nahrung dienen. Ersetze sie durch gute, reine, erhabene Gedanken. Wende das Gemüt nach innen, damit es sich innerlich beschäftigen lernt. Versieh es mit edlen Bestrebungen und hohen Idealen und zwar so lange, bis du vom Gottbewusstsein erfüllt bist. Dann fließt die Welle immerwährender, unendlicher Wonne; die Unwissenheit verschwindet und das ganze Universum wird zum Spiegel von *Sat-Chit-Ananda*, von Existenz, Bewusstsein und Glückseligkeit.

Schließlich wird auch diese Vorstellung verschwinden und es bleibt allein noch der *Sahajananda*-Zustand, das Bewusstsein des höchsten *Samadhi*.

Weitere Unterweisungen zum Meditieren

Strenge die Augen nicht an, wenn du meditierst, verkrampfe sie nicht. Ringe und kämpfe nicht mit dem Gemüt. Dies ist ein großer Fehler und führt rasch zur Ermüdung. Die Folge davon sind Kopfschmerzen oder Harndrang. Letzterer setzt ein, weil das Urinzentrum im Rückgrat gereizt worden ist.

Anstatt mit Gewalt die Tätigkeit des Gemüts zu unterdrücken, ist es besser, es eine Zeitlang loszulassen. Dann wird es sich gebärden wie ein wilder Affe. Doch hernach setzt die Ermüdung ein, die Gedanken werden spärlicher und nun wird es möglich, das konkrete Bild oder die abstrakte Vorstellung Gottes festzuhalten und sich auf den Meditationspunkt zu konzentrieren.

Wenn bei einer längeren starken Meditation Verkrampfungen unvermeidlich sind, solltest du diese Art der Übung während einiger Tage unterbrechen und nur leicht und kurz meditieren. Sobald du aber wieder frisch bist, verlängere die Zeitdauer. Gebrauche – auch in Bezug auf geistige Übungen – immer den gesunden Menschenverstand.

Wer vier oder fünf Stunden nacheinander übt, kann nach zwei Stunden seine Körperstellung (*Asana*) wechseln, im Notfall sogar beide Beine strecken oder anlehnen, doch muss der Rücken immer gerade sein.

Im Grunde ist die körperliche Haltung eine mentale Angelegenheit. Bemühe dich, einen „mentalen" Lotossitz beizubehalten. Wenn das Gemüt unruhig ist, ist es auch der Körper. Ist das Gemüt verankert, wird auch der Körper unbeweglich.

Erlebe das Gefühl des göttlichen Durchdrungenseins, die Wahrnehmung der einen ewigen Unendlichkeit. Betrachte den vergänglichen Körper als eine bloße Erscheinung. Halte diese innere Verfassung fest. Wenn etwas in dein Bewusstsein eintritt (z.B. Glockengeläute, das Zwitschern eines Vogels oder Musik), begrüße es als Mittel innerer Erhebung und setze in diesem Sinn deine Meditation fort.

Täglich sollst du wachsen in Bezug auf Selbstdisziplin, Triebbefreiung, *sattvische* Tugenden wie Geduld, Ausdauer, barmherzige Liebe, Vergebungskraft, Reinheit. Leidenschaftslosigkeit begünstigt die Meditation, während letztere wiederum die *sattvischen* Eigenschaften fördert. Genauso wie du durch das Gebot des Schweigens Energie sparst und speicherst, so musst du deine Mentalkraft bewahren, indem du alles unnütze Denken aufgibst. Auf diese Weise gewinnst du eine Fülle von Kraft für die Meditation.

Denke immer an die drei Wortbilder: Läuterung, Konzentration und Absorbierung (das intensive Versunkensein in ein Objekt). Sie sind ein Trio, ein Kleeblatt. Denke an diese drei Wortbilder, wiederhole sie innerlich während der Meditation. Läutere das Gemüt. Mache dich frei von üblen Faktoren, von Wünschen, von Sympathie und Abneigung, von Ärger, Besitzdrang usw. Diene deinen Mitmenschen selbstlos. Praktiziere Atem- und *Hatha-Yoga* und vor allem *Mantra*-Übungen. Sie ermöglichen zunehmende Konzentrationsfähigkeit. Übe dich zudem in fortwährender tiefer Meditation. Auf diese Art wird das Gemüt schließlich aufgesogen. *OM* ist der Bogen, das Gemüt ist der Pfeil und Gott ist die zu treffende Zielscheibe.

Gott wird von dem getroffen, dessen Gedanken einhellig, das heißt absolut konzentriert und auf ein Ziel ausgerichtet sind. Schlussendlich ist der Gottsucher gleichen Wesens mit Gott, indem der Pfeil eins wird mit dem Ziel, das er durchbohrt hat.

Wähle den Lotos- oder den *Siddha*-Sitz. Schließe die Augen. Konzentriere den Blick der Augen auf *Trikuti*, das *Ajna*-Zentrum zwischen den beiden Augenbrauen. Und nun singe während fünf Minuten ein langgedehntes *OM*. Dies wird den unruhigen Gemütszustand beseitigen und Konzentration ermöglichen. Dann wiederhole *OM* innerlich und mit hingebungsvoller Liebe zu Gott. Wenn das Gemüt von neuem wandert, singe wieder hörbar *OM*. Ist es wieder ruhig, dann wiederhole *OM* im Innern. Diese Methode kann auch in der Meditation über den persönlichen Gott[26] angewandt werden.

Wer Kenntnisse in Bezug auf die Zirkulation der fünf *Tattvas*, Naturprinzipien, durch die Nasenlöcher hat, kann in der Meditation sehr rasche Fortschritte erzielen, denn es besteht eine enge Beziehung zwischen dem Mentalorgan und den fünf *Tattvas*.

---

[26] *Saguna*-Meditation: Meditation über Gott in einer Gestalt und mit göttlichen Eigenschaften

Wenn das Feuerprinzip, *Agni Tattva*, die Nasenlöcher durchzieht, ist das Gemüt sehr erregt, und die Meditation wird gestört. Während der Einwirkung von *Akasha Tattva*, dem Äther-Element, wird die Meditation sehr begünstigt. Kenntnisse in Bezug auf *Svara-Sadhana* oder *Svarodhya*, wie diese Disziplin volkstümlich genannt wird, sind eine unerlässliche Notwendigkeit für jene, die die Meditationsarbeit aufnehmen möchten.

So wie ein geschickter, auf einen Vogel zielender Bogenschütze sich genau bewusst ist, wie er vorgehen muss, wie er den Bogen halten, die Bogensehne straffen und den Pfeil auflegen muss, um das Tierchen treffen zu können, sollte auch der geistig Strebende alle Bedingungen für den Aufstieg zu seinem hohen Ziel kennen. Er sagt sich: „Bei dieser Art von Nahrung, zu jener Zeit, als ich jenem Menschen nachfolgte, in jener Phase, unter jenen Bedingungen und Umständen erlangte ich die betreffende tiefe Meditation und den Zustand von *Samadhi*."

So wie ein geschickter Koch, der seinem Herrn gut und gewissenhaft dient, weiß, welche Art Nahrung letzteren anspricht, und ihm diese deshalb immer wieder vorsetzt und dafür belohnt wird, so beobachtet und registriert ein eifriger geistiger Kandidat alle Bedingungen, die eine gute Meditation und *Samadhi* begünstigen, und erfährt auf diese Weise immer von neuem das Glück und den Segen der Exstase.

Am Anfang kannst du beim Meditieren die Augen schließen, um dich von äußeren zerstreuenden Einflüssen fernzuhalten. Später solltest du auch mit offenen Augen meditieren können, sogar während du umhergehst. Selbst im Getriebe einer Stadt musst du völlige Ruhe des Gemüts bewahren können.

Denke mit gesammelter voller Kraft, dass die Welt unwirklich ist, dass es gar keine Welt gibt, dass nur Gott existiert. Wenn du imstande bist, sogar mit offenen Augen über Gott zu meditieren, zeigt dies, dass du ein starker Mensch bist, der nicht leicht aus der Fassung zu bringen ist.

4.
Lebe für Gott und in Gott

Unser Ziel besteht im Erlangen absoluter Freiheit von der Knechtschaft der Materie. Alles, was diesem höchsten Ziel zuwiderläuft, muss aufgegeben werden. Freiheit und Göttlichkeit sind auswechselbare Begriffe und haben denselben Sinn, die gleiche Bedeutung.

Der Mensch ist ein denkendes Wesen und als solches ist er nie zufrieden mit den bestehenden Verhältnissen. Der Verstand zwingt ihn, unweigerlich vorwärtszugehen. Unser Denken ist erst dann befriedigt, wenn es von einer höheren Macht erfasst und dadurch zur Ruhe gebracht wird. Die großen Denker auf der ganzen Welt erkennen die Tatsache an, dass der Mensch fähig ist, sich selber zu entwickeln und einen idealen Zustand der Vollkommenheit zu erreichen. Einige verstehen darunter eine bloß irdische Umwandlung. Andere, mit durchdringender Erkenntnis, gehen tiefer und sind von einer spirituellen Änderung überzeugt.

Beim weltlichen Ziel werden das gegenwärtige Leben und dessen Möglichkeiten zum Objekt genommen. Es zielt nur auf ethische, intellektuelle, künstlerische, politische, wirtschaftliche und soziale

Entwicklung und hat kein Interesse daran, jenseits zu blicken.

Das geistige Ideal stellt – während es den Bewegungen und Prozessen, die sich auf den tieferen Ebenen abspielen, ihren rechtmäßigen Platz im Gesamtplan des Lebens einräumt – eine höhere, umfassendere Wahrheit in den Vordergrund. Als höchstes Ziel setzt es Lauterkeit, Pflichterfüllung und Befreiung.

Jede Bewegung ist nichts anderes als bewusster oder unbewusster *Yoga* (der Weg zu Gott und die Vereinigung mit Gott), ein wachsendes Streben nach der Entdeckung und Entfaltung des göttlichen Prinzips, das unter dem dichten Schleier der Materie verborgen ist.

Äußerer Fortschritt ist notwendig, an sich jedoch eine ziellose Bewegung innerhalb eines Kreises ohne jeden aufklärenden oder erleuchtenden Zweck.

Das einzige Ziel, das eines wirklichen ernsten Einsatzes wert ist, gipfelt darin, das Selbst kennenzulernen, das hinter dem Nicht-Selbst, dem persönlich-egoistischen Ich versteckt ist. Es geht darum, im Sein und durch Sein eins mit diesem göttlichen Selbst zu werden und durch die direkte Hilfe der Macht des Selbst sich in ein Instrument zu verwandeln, einen Kanal, einen Spiegel, durch den Es sich ausdrücken und offenbaren kann. Kurz gesagt, es gilt, für das Göttliche und im Göttlichen zu leben.

Welches sind die Merkmale dieser grundlegenden Veränderung? Wenn sich der Mensch dieser göttlichen Möglichkeit bewusst wird und sie als das einzig bestimmende Ideal seines Lebens annimmt, erfährt seine Lebensschau und Zielsetzung klarerweise eine völlige Umwandlung; all seine Bemühungen gehen in eine andere Richtung. Er fängt an, alle falschen Regungen und Impulse, alle Gedankenwendungen und Handlungen, die ihn vom Göttlichen wegziehen, auszumerzen; er scheidet alle begrenzenden Begriffe, alle Leidenschaften, alle Voreingenommenheiten, Vorurteile, Wünsche und Willensimpulse aus, welche die Neigung haben oder die Gefahr mit sich bringen könnten, ihn den Naturkräften preiszugeben.

Diese persönliche Anstrengung bereitet das Terrain vor; sie schafft die unvermeidliche Voraussetzung und Grundlage für eine Höherentwicklung. Sie macht das Gemüt *sattvisch*, harmonisch; sie läutert es und verändert bis zu einem gewissen Grad auch das vitale und körperliche Wesen. Die subjektiv veränderte Art und Gesinnung gibt nun die Möglichkeit für den Sprung in die Tiefe des Unendlichen, das jenseits des Gemüts und des Intellekts liegt.

Die zweite Stufe des Yoga, der Entwicklung zur Vollendung, besteht dann in der Ausscheidung und im Ausmerzen des persönlichen Ich und der Heiligung durch das unaufhörliche Streben, die egoistische Einstellung aufzugeben, damit das Göttliche unsere niederen Instrumente voll in Besitz nehmen und sie zur Erfüllung Seiner Mission gebrauchen kann.

Die Vereinigung mit dem überkosmischen Göttlichen, die Einheit mit dem universalen Geist oder mit dem dynamischen Aspekt des transzendentalen Göttlichen gewähren die Essenz der göttlichen Vollkommenheit. Leben und Handeln sind fest auf die Vision und Erkenntnis der Einheit eingestellt; die individuelle Seele wird zum Mittel der Darstellung und Offenbarung Gottes.

Die völlige Läuterung all unserer Werkzeuge ist eine gebieterische Notwendigkeit. Und zwar müssen wir jenen Teil unseres niederen Selbst ins Auge fassen, dessen Reinigung und Vervollkommnung am leichtesten die Vollkommenheit aller übrigen Teile herbeiführen wird. Wir sind der vom Körper und Gemüt eingehüllte Geist. Zuerst muss das *Antahkarana*, das innere Instrument, in Angriff genommen werden. Dieses setzt sich aus dem Gemüt, dem Intellekt, dem Ego, d.h. dem persönlich-egoistischen Sinn, und dem Unterbewusstsein zusammen. Innerhalb des Gemüts oder mentalen Ich ist es *Buddhi*, das Unterscheidungsvermögen, das zuerst geläutert werden muss. Ist *Buddhi* einmal gereinigt, kann es höchst wirkungsvoll auf die Wahrheit unseres innersten Seins reagieren und auch klar die Vorgänge im übrigen Teil unseres Wesens verfolgen. *Buddhi* ist das

Werkzeug in uns, das den Geist mit der Macht ausrüstet, die Wahrheit zu verstehen und zu besitzen. Für diese Besitzergreifung sind zwei Dinge nötig: immer stärkere Befreiung von den niederen Funktionen des mentalen Egos und deren Beherrschung sowie ein immer deutlicher werdendes Bewusstsein von der Tatsache des inneren Kerns, des selbst-existierenden Seins, der Macht und der Glückseligkeit des göttlichen Selbst, das hinter dem Schleier des *Buddhi* verborgen ist. Wenn in *Buddhi*, im Unterscheidungsfaktor, die leiseste Spur eines Wunsches besteht, offenbart es Unvollkommenheit. Jede, aber auch jede Unterordnung des *Buddhi* in Bezug auf Sinneseindrücke, sinnliche Regungen und Erregungen ist Unreinheit.

Denken und Wollen müssen sich bewähren in unbeugsamer Entschlusskraft. Ohne absolute Selbstzucht ist diese Art von Trennung und Ablösung von den Sinnen unmöglich. Nur ein völlig ruhiges, ausgeglichenes und unpersönliches Gemüt kann den Frieden und das Glück des Geistes widerspiegeln.

Der Ausdruck *Buddhi* wird gewöhnlich gebraucht, um die Beobachtungs- und Unterscheidungsfähigkeit zu bezeichnen. Das Wort bezieht sich nicht auf das Gemüt als Sinnesorgan, also nicht auf die vitalen Wünsche oder gewohnheitsmäßigen Tätigkeiten des niederen mentalen Ich. Unsere Verstandesfähigkeit handelt aber normalerweise nicht in der oben erwähnten freien überlegenen Art, weil sie mit dem niederen mentalen Ego verflochten und von ihm beeinflusst ist. Nur wenn *Buddhi* ganz rein geworden ist, hält es sich fern vom Objekt, sieht die Gegebenheiten in ihrer richtigen Perspektive und bildet ein absolut korrektes Urteil über Menschen und Dinge.

Nach der indischen Philosophie hat das Wort *Buddhi* einen zweifachen Aspekt. Die intellektuelle, unterscheidende Fähigkeit, welche vergleicht, beobachtet, gegenüberstellt und die übereinstimmenden und differierenden Punkte herausfindet, ist der niedere Aspekt. Der höhere Aspekt des *Buddhi* erfasst die Dinge nicht einzeln. Es handelt sich um eine Vision, nicht um ein begriffliches Verstehen. Der höhere Aspekt des *Buddhi* ist bereits im Besitz der ganzen Wahrheit. Diese wird in Form eines intuitiven Gedankens ausgedrückt. Diese höhere Fähigkeit verhält sich zur begrifflichen Intelligenz wie die letztere zum halbtierischen Instinkt oder Denken derjenigen Menschen, welche noch von ihren Wünschen, ihren gefühlsmäßigen Bindungen und Abneigungen und ihren vorgefassten Meinungen und Vorurteilen abhängig sind.

Ein völlig reines niederes Verständnis wäre ein fehlerfreies Werkzeug rationalen verstandesmäßigen Denkens und würde, so weit dies in den Möglichkeiten des niederen *Buddhi* liegt, einen klaren Begriff der Wahrheiten des göttlichen Selbst und der Welt vermitteln.

Wirkliches Wissen ist jedoch immer über-intellektuell. Es setzt die Einheit, die Identität, das Einssein mit dem Objekt des Wissens voraus. Um dies zu erreichen, ist absolute intellektuelle Passivität, also gedankliche Untätigkeit, Ausschaltung aller Gedanken, eine Bedingung. Wir müssen alle Gedanken ausschließen und das Denken völlig stilllegen können. Wenn dies dank unermüdlicher Bemühungen erreicht ist, wird das ganze *Antahkarana rein und ruhig. Dann offenbart sich die allumfassende Vision des Gott-Selbst, das hinter dem Schleier des Gemüts versteckt ist. Die unendliche Stille, aus der alle Welten entstanden sind, und der unergründliche Friede, der alles Verstehen übersteigt, werden zu einem normalen Teil unseres menschlichen Wesens.*

Das universale Gebet

O verehrenswürdiger Herr des Erbarmens
und der Liebe!
Dir sei Gruß und Verneigung.
Du bist überall gegenwärtig, allmächtig
und allwissend.
Du bist Satchidananda – absolutes Sein,
Bewusstsein, Glückseligkeit.
Du bist der, welcher in allen Wesen wohnt.

Gewähre uns ein verstehendes Herz,
die Schau des Einen in allem,
ein ausgeglichenes Gemüt,
Glaube, Hingabe und Weisheit.
Gewähre uns innere geistige Stärke,
um allen Versuchungen zu widerstehen
und das Gemüt zu beherrschen.
Befreie uns von Egoismus, Gelüsten, Gier,
Hass, Zorn und Neid.
Erfülle unser Herz mit göttlichen Tugenden.

Lass uns Dich schauen in all diesen Namen
und Formen.
Mögen wir Dir dienen in all diesen Namen
und Formen.
Mögen wir stets an Dich denken.
Mögen wir stets Lobpreisungen
zu Deiner Verherrlichung singen.
Möge Dein Name immer auf unseren Lippen sein.
Lass uns in Dir wohnen auf immer und ewig!

Swami Sivananda

Im Heinrich Schwab Verlag

Swami Sivananda:

Licht, Kraft und Weisheit,
Sivananda Gita und andere Schriften

Liebe ist der direkte Weg zur Wahrheit, zum Reich des unendlichen Bewusstseins, des grenzenlosen Friedens und Glücks. Allumfassende, selbstlose Liebe ist das Lebensprinzip der Schöpfung. Das alles kannst du erfahren.

Es ist dein Eigentum, das dir niemand nehmen kann. Umfange alle mit deiner Liebe! Fühle dich mit allen eins. Diene in allen Gott. Liebe bewirkt Läuterung des Gemüts. Wenn das Herz gereinigt ist, wendet es sich auf ganz natürliche Weise zu Gott.

Tauche nur tief in die göttliche Quelle in dir! Fühle die Allgegenwart des unvergänglichen Seins in deinem innersten Selbst und du erreichst immerwährende Glückseligkeit!

ISBN 978-3-7964-0228-9, 162 Seiten, gebunden mit 7 Fotos von Swami Sivananda

Swami Sivananda:
The Foundations of Spiritual Development
Daily readings for every day in the year
Editor: SWAMI OMKARANANDA

A title from chapter 14:

„The Two Axes of Self-Knowledge: Man cannot know himself save through meditation, through a deep dive into the calm chambers of the heart and a direct glance at the mirror of life within. To have a comprehensive understanding of what we are, we must impress on our mind the two facts, viz. the existence of the Eternal Reality and the radical unity of all manifestations from star to mineral form, from inanimate nature to organized life. Every human being is a manifestation of the Lord; and, therefore, it is possible for everyone to become one with the Infinite. Realization of the above truths makes everything clear and self-explanatory."

ISBN 978-3-7964-0213-5, Paperback, 480 p.

Swami Omkarananda:
DAS WUNDER
DER GÖTTLICHEN GEGENWART

Swami Omkarananda ging es in seiner Lehre nicht um Anhäufung von Wissen und Theorien, sondern um die Umwandlung des menschlichen Wesens in eine göttliche Natur, um die Rückkehr des Menschen aus der Dualität in die Einheit mit Gott, aus der vergänglichen Freude in absolute, immerwährende Glückseligkeit; denn das ist das Geburtsrecht eines jeden Menschen. Das vorliegende Buch zeigt den Weg zu diesem Ziel, die Schritte, die ins eigene göttliche Selbst führen. Es gibt uns zahlreiche Methoden, wie wir die Gegenwart des Göttlichen immer intensiver erfahren können: durch unermüdliches Praktizieren geistiger Übungen, Reinigen des Gemüts, selbstloses Dienen. Es bietet uns tausend Hilfen und gibt uns die Kraft, wahrhaft frei und furchtlos zu werden und das Bewusstsein unserer eigenen Unsterblichkeit zu erlangen.

ISBN 978-3-7964-0197-8, gebunden, 219 Seiten

Swami Nikhilananda: Vivekananda
Eine Biografie

Vivekananda ist der bedeutendste Schüler des großen Mystikers und Weisen Ramakrishna. Unter Einsatz seiner außergewöhnlichen Denk- und Konzentrationskraft, seiner genialen mystischen Schau und Weisheit, seiner unermüdlichen Tatkraft und Menschenliebe zeigt er uns, wie wir mitten im Alltag Weisheit, Selbsterkenntnis und Gottesliebe entdecken und entwickeln können. Der Biograf besitzt die Gabe, anhand sorgfältiger Recherchen das lebendige Bild eines unsterblichen Weisen vor uns entstehen zu lassen, das uns den Weg zu unserer eigenen Göttlichkeit auftut.

ISBN 978-3-7964-0182-4, gebunden, 430 Seiten

Satyamayi:
Sri Ramana Maharshi
Im Lotos des Herzens

Biografie und Werk des großen Weisen vom Berg Arunachala zeigen uns den Weg in die ewige Freiheit unseres wahren Selbst. Wer bin ich wirklich? Was ist dieses Selbst in mir? Die Entdeckung der unvergänglichen Quelle unseres Lebens wird zum Abenteuer für Seele und Geist.

ISBN 978-3-7964-0190-9, gebunden, 269 Seiten